BUDDY HARRISON

COMO COMPRENDER LA AUTORIDAD PARA DIRIGIR CON EFICACIA

Aprenda a fluir con
el Espíritu Santo en
sabiduría y conocimiento para
ser un lider eficaz.

Prólogo por el
Dr. Kenneth E. Hagin

Salvo el autor especifique lo contrario, todas las citas biblicas han sido tomadas de la versión Reina Valera.

Como Comprender La Autoridad
Para Dirigir Con Eficacia
ISBN 0-89274-869-9
(Previamente ISBN 0-89274-218-6
y ISBN 0-89272-379-4)
Derechos de autor © 1982, 1991 por Buddy Harrison
P. O. Box 35443
Tulsa, Oklahoma 74153, E.E.V.V.

Publicado por Harrison House, Inc.
P. O. Box 35035
Tulsa, Oklahoma 74153, E.E.V.V.

Impreso en los Estados Unidos de América. Todos los derechos reservados segun la Ley Internacional de Propiedad Literaria. Está prohibida la reproducción total o parcial del contenido y/o cubierta de este libro sin el permiso por escrito del autor.

COMO COMPRENDER LA AUTORIDAD PARA DIRIGIR CON EFICACIA

por
Buddy Harrison

Harrison House
Tulsa, Oklahoma, E.E.V.V.

INDICE

Prólogo por Kenneth E. Hagin

Introducción — 11

1. Nuestra Autoridad Ha Sido Restaurada — 15
2. Dios - La Autoridad Suprema — 23
3. Niveles de Autoridad Bajo Dios — 29
4. Los Líderes — 51
5. ¿Obediencia o Sumisión? — 65
6. Un Gobierno Con Libertad — 77

RECONOCIMIENTO

Cuando el Señor me habló en mi corazón acerca de la soberanía de Dios, comenzó mi búsqueda de la verdad. Aunque descubrí muchas cosas a través de mis propios estudios, fue en realidad con las enseñanzas de Ralph Mahoney que aprendí mucho más. A medida que yo absorbí y digerí las palabras de Ralph, estas se fueron haciendo cada vez más reales en mí. Dios además me dio revelación de Su Palabra. Estoy agradecido infinitamente a Ralph Mahoney por toda la verdad que trajo a mi vida a través de sus cintas grabadas.

El conocimiento que había adquirido, más la revelación y el discernimiento que Dios me ha dado hasta ahora, y principalmente lo que aprendí en estas cintas, consituyen el fundamento de este libro.

Gracias a Dios, este no es el fin. El nos dará aún más.

PROLOGO

En este libro excelente, *Cómo Comprender la Autoridad para Dirigir con Eficacia*, mi yerno, Buddy Harrison, nos da a conocer los "secretos" de su éxito en el ministerio.

Buddy comenzó como director del grupo juvenil de música en su iglesia local y ocupó varios puestos en mi ministerio. Más tarde, Dios lo promovió a pastor, evangelista, y a otras funciones de liderazgo en el Cuerpo de Cristo. Pero no fue fácil.

Por muchos años he observado sus luchas y he orado por él. Lo he visto avanzar con ímpetu y firmeza implacable durante los años más difíciles de su vida, trabajando, clamando, y buscando a Dios. Bajo la dirección y el poder del Espíritu Santo, Buddy pudo renovar su entendimiento por la Palabra de Dios y su vida fue transformada.

Los principios que aprendió en sus años de preparación para el ministerio constituyen la base sólida de este libro. Buddy nos indica que "Es necesario entender los principios de la autoridad para poder comprender los elementos de fe. Si aplicamos nuestra autoridad incorrectamente, perdemos los elementos de fe".

Disfruté más que nada de la percepción renovadora con que Buddy enseña acerca de mi escritura predilecta sobre fe, Marcos 11:23,24.

Buddy demuestra que, aunque la humanidad parece preferir la esclavitud, Dios desea la libertad para todos los hombres. En este libro el autor menciona los principios de autoridad que se aplican entre esposo y esposa, y entre ministros y sus ovejas.

El indica que el laico tiene la responsabilidad de "analizar la calidad de su lider y decidir si lo acepta o lo rechaza". También aconseja a los líderes que mantengan la pureza de sus intenciones.

Su consejo excelente disipa bíblicamente y con eficacia todas las enseñanzas erróneas de "discipulado" que han surgido en los últimos años, las cuales han dado lugar a que muchas personas vivan en ataduras innecesarias.

Es necesario el estudio minucioso de este libro, especialmente hoy en día, en esta época, en que tantos abusan y utilizan mal la autoridad.

INTRODUCCION

Cada vez que hablamos de milagros tocamos el tema de la soberanía de Dios. La gente inmediatamente identifica un milagro como "un acto soberano de Dios". Sin embargo, el Espíritu de Dios en una ocasión me dijo: "¿Te has fijado que la palabra soberano no aparece en el Nuevo Testamento?" En ese momento no me vino a la mente ninguna escritura al respecto, y por lo tanto, comencé a buscar en la Palabra. Grande fue mi sorpresa cuando descubrí que era cierto: La palabra soberano no aparece en el Nuevo Testamento ni siquiera una vez.

Entonces comprendí que cuando usamos cierta terminología, debemos saber exactamente a qué se refiere. Para hablar de la soberanía, debemos empezar por examinar el tema de la autoridad; por eso cuando se despertó en mi este interés, lo primero que hice fue buscar en el diccionario.

Descubrí que la palabra *autoridad* tiene tres significados:

- *poder para dirigir (influenciar)*. Por ejemplo, un policía tiene la autoridad para influenciar. Cuando un policía levanta su mano al tráfico, tiene autoridad para hacer que los choferes detengan los autos. Si los choferes no obedecen la autoridad del policía, tendrán que pagar las consecuencias.

- *personas con poder para gobernar*. Una persona con autoridad tiene mando o poder en una situación específica.

- *habilidad acertada y convincente*. Influencia o poder son sinónimos de autoridad. La palabra poder se usa de la misma forma que la palabra autoridad. Al traducir la

Biblia, muchas veces la palabra poder quiere decir *habilidad*. Por eso es necesario saber trazar la Palabra de Dios apropiadamente.

Estudiando el Antiguo Testamento descubrí que el idioma hebreo usa sólo dos palabras traducidas como *autoridad*.

La Escritura aplicable aparece en Proverbios 29:2: **Cuando los justos dominan (o están en autoridad), el pueblo se alegra.** La palabra autoridad en el idioma hebreo significa "aumentar". Esto nos ayuda a entender que el justo tiene la autoridad o la habilidad para producir aumento en su vida. Después de todo, parte de la bendición de Dios produce aumento.

Al estudiar el idioma griego, encontré siete diferentes palabras que definen la palabra *autoridad*, cuatro de las cuales son sustantivos y tres son verbos. Veamos primero los nombres.

Un sustantivo representa una persona, un lugar o una cosa. Los significados de la palabra autoridad como sustantivos son:

- lícito o libertad. La palabra *autoridad* también significa libertad, o conforme a la ley.

- mandamiento. Cuando alguien nos da una órden es porque tiene autoridad.

- excelencia. Dios está por encima de todo, y nosotros estamos sentados con El en lugares celestiales, o en lugares de autoridad.

- potestad. El que tiene fuerza, tiene autoridad.

Los verbos conllevan acción. Las tres definiciones de autoridad como verbo son las siguientes:

- tener poder. La autoridad de Dios en fuerza, operación, y manifestación.

- *ejercer autoridad en el hogar.*
- *dominar.* Las Escrituras nos enseñan que tenemos dominio. Dios nos ha dado dominio en la tierra. El que tiene dominio, puede actuar por su propia cuenta.

Puede que muchas de estas definiciones parezcan estar repetidas, pero yo he querido darles una idea completa del significado de esta palabra, pues no es sólo cuestión de conocer un significado, sino que existen varios tipos y niveles de autoridad.

Necesitamos comprender la importancia de la autoridad porque sin autoridad vamos a tener dificultades, y la falta de entendimiento para saber utilizarla nos puede traer problemas.

En la Biblia podemos ver que algunas personas han querido ejercer autoridad que en realidad no tienen. Por ejemplo, en Hechos 19:13-16 los siete hijos de Esceva intentaron echar fuera un espíritu maligno "en el nombre de Jesús el que predica Pablo". Por demás está decir, que estos hombres no tenían ninguna autoridad. De hecho, ¡el espíritu maligno los venció a los siete, les quitó la ropa, los persiguió, y los echó a la calle!

Sin embargo, en el libro de Mateo, Capítulo 8 vemos todo lo contrario, un ejemplo perfecto de una persona que sí comprende la autoridad. En los versos 8 y 9 el centurión romano le dice a Jesús:

Señor, no soy digno de que entres bajo mi techo; solamente dí la palabra, y mi criado sanará.

Porque también yo soy hombre bajo autoridad, y tengo bajo mis órdenes soldados; y digo a éste: Vé, y va; y al otro: Ven, y viene; y a mi siervo: Haz esto, y lo hace.

Lo que el centurión quiso decir fue: "Tú tienes autoridad. Por lo tanto, con sólo Tú pronunciar la palabra, mi siervo será sano".

Jesús le responde al centurión de esta forma: (vs 9) **Ni aun en Israel he hallado tanta fe.** ¿Por qué era la fe del centurión tan especial? Porque él conocía los principios de la autoridad.

Hace falta conocer los principios de la autoridad para comprender los elementos de fe. Si no aplicamos nuestra autoridad correctamente, perderemos estos elementos de fe. Nadie puede recibir lo mejor de la fe de Dios hasta que comprenda estos principios básicos de la autoridad. Tal es el propósito de este libro, presentar estos principios fundamentales de forma sencilla según Dios los comparte en Su Palabra.

Mi oración es que, a medida que lean este libro, lo hagan con un corazón abierto y permitan al Espíritu de Dios ministrarles esta verdad, para que obtengan un mayor entendimiento de la relación que existe entre los principios de autoridad y los elementos de fe.

1
Nuestra Autoridad Ha Sido Restaurada

El simple hecho de haber nacido aquí en la tierra nos otorga ciertos derechos y privilegios, de la misma manera que el nacer en los Estados Unidos nos hace automáticamente ciudadanos legales de este país. No tuvimos que firmar papeles ni tuvimos que hacer nada. El simplemente nacer en esta nación, es suficiente para ser ciudadanos de ella.

Sólo existe una forma de obtener autoridad en la tierra, y es a través de nuestro nacimiento. Como resultado de nuestro nacer, recibimos cierta autoridad, y nuestro nacimiento se convierte en nuestra entrada legal a esta tierra. Es necesario nacer aquí en este mundo para poder tener autoridad en él.

Dios creó al hombre para tener comunión con él y laborar con él. Cuando Dios creó la tierra, le dio a Adán dominio para gobernar y reinar. Dios y Adán caminaban y hablaban juntos en el Jardín del Edén. Eran íntimos amigos; se comunicaban el uno con el otro. Pero por haber prestado atención a las palabras del diablo, Adán cometió alta traición. Le vendió a Satanás lo que legalmente le pertenecía.

El segundo libro de Corintios 4:4 nos declara que Satanás es el dios de este mundo. ¿Cómo obtuvo Satanás esta autoridad? Adán se la entregó. Porque Dios es justo y bueno, no pudo venir como un ladrón a robarle a Satanás lo que legalmente había obtenido de Adán. Mas bien, para poder restaurar la autoridad al hombre, Dios preparó un plan legal y justo.

La única forma posible de traer liberación al hombre es obteniendo derechos legales en la tierra, por eso fue necesario que Jesús naciera de una mujer. Jesús se convirtió en el Dios encarnado; una combinación de Dios y hombre. Al nacer de una mujer, Jesús recibió derecho legal para desenvolverse aquí en la tierra, y con esto introdujo Dios su plan para comprar al hombre.

Veamos el relato exacto de la concepción de Jesús en el libro de Lucas, Capítulo 1, empezando en el versículo 26:

> **Al sexto mes el ángel Gabriel fue enviado por Dios a una ciudad de Galilea, llamada Nazaret, a una virgen desposada con un varón que se llamaba José, de la casa de David; y el nombre de la virgen era María.**
>
> **Y entrando el ángel en donde ella estaba, dijo: ¡Salve, muy favorecida! El Señor es contigo; bendita tú entre las mujeres.**
>
> **Mas ella, cuando le vio, se turbó por sus palabras, y pensaba qué salutación sería esta.**
>
> **Entonces el ángel le dijo: María, no temas, porque has hallado gracia delante de Dios. Y ahora, concebirás en tu vientre, y darás a luz un hijo, y llamarás su nombre JESUS. Este será grande, y será llamado Hijo del Altísimo; y el Señor Dios le dará el trono de David su padre; para siempre, y su reino no tendrá fin.**
>
> **Entonces María dijo al ángel: ¿Cómo será esto? pues no conozco varón.**

Esta es una pregunta muy lógica, ya que María nunca había tenido relaciones con un hombre. Sin embargo este ángel le estaba dando un mensaje de parte de Dios. Tenemos que comprender que el ángel le estaba hablando a María la Palabra de Dios. No eran sus propias palabras sino la Palabra de Dios. El ángel simplemente las pronunció. La Palabra de Dios es espíritu y es vida.

De modo que María le preguntó al ángel,

¿Cómo será esto? pues no conozco varón.

Respondiendo el ángel, le dijo: El Espíritu Santo vendrá sobre ti, y el poder del Altísimo te cubrirá con su sombra; por lo cual también el Santo Ser que nacerá, será llamado Hijo de Dios.

Y he aquí tu parienta Elisabet, ella también ha concebido hijo en su vejez; y este es el sexto mes para ella, la que llamaban estéril;

Porque nada hay imposible para Dios.

Entonces María dijo: He aquí la sierva del Señor; hágase conmigo conforme a tu palabra. Y el ángel se fue de su presencia.

La gente acepta el nacimiento virginal de Jesús porque lo dice la Palabra de Dios. Mas no lo entienden. La mente humana no puede asimilar cómo una virgen pudo concebir un hijo cuando nunca había conocido varón. Por consiguiente, al desecharlo de nuestra mente destruímos el fundamento de todas nuestras creencias.

Pero en la Palabra de Dios aparece una respuesta muy simple y real la cual por muchos años hemos pasado por alto. Dios es un espíritu y todo lo que El hace, lo hace a través del espíritu. Sus palabras son espíritu y vida. Por lo tanto, cuando Dios habla, Sus palabras tienen poder creativo. Cualquier palabra hablada por Dios puede crear algo, aunque sea enviada por un ángel.

El versículo 37 dice: **Porque nada hay imposible para Dios.** La Versión *American Standard* dice así, **Ninguna palabra de Dios está falta de poder.** De modo que las palabras que Dios habló a María a través del ángel contenían el poder necesario para crear vida dentro de ella. Lo único que hacía falta en ese momento era el consentimiento de María, su disposición de recibir estas palabras creativas de parte del Dios Altísimo. Y María dijo, **He aquí la sierva del Señor; hágase conmigo conforme a tu palabra.** Ese dicho, "Querer es poder", tiene mucho de cierto. Muchas personas nunca llegan a cumplir la voluntad de Dios en sus vidas porque no se lo han propuesto. El que no quiere hacer algo, o no se proponer por su voluntad a lograr algo, nunca lo hará. Dios dispuso por Su voluntad ganar la autoridad del hombre. En Santiago 1:18 dice, **El de Su voluntad, nos hizo nacer por la palabra de verdad.** Dios no estaba obligado. El no fué forzado a enviar a Jesús, pero quiso hacerlo. **Porque de tal manera amó Dios al mundo, que ha dado a su Hijo unigénito** (Juan 3:16). ¡El mandó a Su Hijo, no sólo a unos cuantos, sino al mundo entero, a todos nosotros!

Por muchos años aún después de ser salvo yo no comprendía lo que me había ocu~~ido, pero me alegraba en~~ mi experiencia. Yo sabía que ~~~ cuando lo entendí con mi me~~~ Luego descubrí que yo necesitaba renovar mi mente de acuerdo a la Palabra de Dios. Por eso es que muchos teólogos no han descifrado el Evangelio: no lo pueden entender con su razonamiento.

El Evangelio no es una revelación mental; es una revelación espiritual dada por el Espíritu de Dios. La Palabra de Dios tiene suficiente poder para hacerse vida dentro de nosotros, si se lo permitimos. Sin embargo, muchas personas no se quieren abrir a la Palabra de Dios.

Isaías profetizó lo que habría de venir en los días futuros. En el Capítulo 9, versos 6 y 7, él escribe:

> Porque un niño nos es nacido, hijo nos es dado, y el principado sobre su hombro; y se llamará su nombre **Admirable, Consejero, Dios fuerte, Padre eterno, Príncipe de paz.**

Lo dilatado de su imperio y la paz no tendrán límite, sobre el trono de David y sobre su reino, disponiéndolo y confirmándolo en juicio y en justicia desde ahora y para siempre. El celo de Jehová de los ejércitos hará esto.

Isaías se refiere a Jesús. He aquí el comienzo de nuestra restauración. Satanás se había convertido en el dios de este mundo pero el nacimiento de Jesús señaló el comienzo de la restauración. Mucha personas nunca han comprendido la autoridad que tienen, y por lo tanto, no pueden entrar en ella.

Veamos el verso 6:... **y el principado (gobierno) estará sobre su hombro.** La palabra *principado (o gobierno)* me llamó la atención. Cuando uno piensa en un gobierno, casi siempre piensa en el gobierno federal, el gobierno estatal, o el gobierno local. Los gobiernos determinan el funcionamiento de los pueblos. Ellos tienen la última palabra porque reinan y gobiernan sobre su área de jurisdicción.

Cuando el Espíritu Santo me motivó a buscar la palabra *gobierno*, descubrí que deriva de una palabra en hebreo, y que de ella proviene la palabra *imperio*. Ahora, cuando pensamos en la palabra *imperio*, nos imaginamos grandes corporaciones o quizás un individuo, como por ejemplo Howard Hughes, quien edificó un imperio con su riquezas. Con todas sus compañías acumuló una fortuna. En otras palabras, cuando hablamos de *imperios* o *gobiernos*, los relacionamos con poder, habilidad y dinero. Uno de los significados exactos de la palabra *gobierno es* "predominar, o tener poderío".

...y el principado sobre su hombro. Otra descripción de gobierno es "poder de príncipes". Jesús es nuestro Príncipe de Paz. El verso 7 dice: **Lo dilatado de su imperio y la paz no tendrán límite.**

Aunque no estemos conscientes de ello, somos partícipes de un imperio y estamos llamados a actuar y comportarnos como tales. Por muchos años, los cristianos han pensado, "Soy nada más que un simple pecador, salvo por la gracia de Dios. Deja ver si llego al fin de este día". Pero, en realidad, el cristiano está supuesto a tener el poder de un príncipe, un príncipe con autoridad.

Jesús siempre ha disfrutado de autoridad en el cielo. Cuando Cristo bajó a la tierra, Él obtuvo autoridad por medio de Su nacimiento. Cuando murió y fue al infierno, derrotó a Satanás. La Biblia dice, "**... y despojando a los principados y a las potestades, los exhibió públicamente, triunfando sobre ellos en la cruz**". (Col. 2:15.) Jesús obtuvo autoridad a través de la resurrección. Resucitó triunfante, le quitó al enemigo las llaves de la muerte, el infierno y la sepultura. Y logró alcanzar Su autoridad en los tres mundos: el cielo, la tierra y debajo de la tierra.

Después de Su resurrección, nos entregó esa autoridad a nosotros, el Cuerpo de Cristo. No sólo somos salvos por la gracia de Dios, sino que hemos adquirido poder de príncipes. Tenemos autoridad porque somos partícipes de Su principado o gobierno. Jesús estableció un reino espiritual. Todo lo que se origina en el mundo espiritual se manifiesta en lo físico. La autoridad que tenemos en el mundo espiritual se manifiesta también en el mundo físico.

Cuando oramos, el gobierno que opera en el mundo natural está obligado a sujetarse a la Palabra de Dios, y cuando comenzamos a hablar, las cosas comienzan a cambiar. Aunque estemos atados físicamente, somos libres en el espíritu. Tenemos poder de príncipes — habilidad junto con Dios.

En cuanto Jesús obtuvo autoridad y nos la entregó, recibimos nuestra completa restauración. Dios logró Su plan completo de redención. Ahora Jesús está sentado en el cielo, a la diestra del Padre (Marcos 16:19). ¿Acostumbra a sentarse antes de terminar un trabajo? ¡No! Lo cual significa que Jesús ya terminó Su obra en el plan de Dios.

Ahora nos toca hacer nuestra parte. ¿Cómo lo hacemos? Simplemente confesando la Palabra, como lo hizo María: **Hágase conmigo conforme a tu palabra.** Esto es lo que debemos recordar. Debemos volver y descansar en la Palabra de Dios, así como María también descansó en la Palabra. Debemos decir: "Hágase conmigo así como Tú lo has dicho".

Nuestra autoridad ha sido restaurada. Ahora dejemos que las cosas que Dios nos ha dicho en nuestro corazón, dominen y tengan poder en nuestra vida. Confía y depende del Señor. Toma Su Palabra y háblala, descansa en ella, y Dios tendrá un canal libre en ti. De la misma manera tuvo un canal libre con María.

¿Quién contra ti? ¿Quién puede impedir que tú hagas aquello que Dios te ha llamado a hacer?

Piensas: "Pero no tengo dinero para hacerlo". Y tal vez sea cierto, mas tú tienes la autoridad para cambiar esa circunstancia. ¿Cómo? Igual como María la cambió: recibe la Palabra de Dios y declara, "Hágase conmigo así como Tú lo has dicho. La Palabra de Dios declara que mi Dios suplirá todas mis necesidades de acuerdo a Sus riquezas en gloria en Cristo Jesús."

Deja ya de querer descifrar la Palabra. Recíbela y verás como el Espíritu Santo hace que estalle dentro de ti. Vida abundante brotará. La Palabra de Dios no carece de poder; está bien equipada para la obra.

2
Dios - La Autoridad Suprema

"Sométase toda persona a las autoridades superiores; porque no hay autoridad sino de parte de Dios, y las que hay, por Dios han sido establecidas.

De modo que quien se opone a la autoridad, a lo establecido por Dios resiste; y los que resisten, acarrean condenación para sí mismos.

Porque los magistrados no están para infundir temor al que hace el bien, sino al malo. ¿Quieres, pues, no temer la autoridad? Haz lo bueno, y tendrás alabanza de ella;

porque es servidor de Dios para tu bien. Pero si haces lo malo, teme; porque no en vano lleva la espada, pues es servidor de Dios, vengador, para castigar al que hace lo malo.

Por lo cual es necesario estarle sujetos, no solamente por razón del castigo, sino también por causa de la conciencia.

Pues por esto pagáis también los tributos, porque son servidores de Dios que atienden continuamente a esto mismo.

Pagad a todos lo que debéis: al que tributo, tributo; al que impuesto, impuesto; al que respeto, respeto; al que honra, honra.

No debáis a nadie nada, sino el amaros unos a otros; porque el que ama al prójimo, ha cumplido la ley".

Romanos 13: 1-8

Ya sabemos que las palabras *poder y autoridad* en muchos casos se pueden intercambiar. En esta Escritura Pablo dice, **Sométase toda persona** a (en sentido literal, que se sitúe bajo ella) **las autoridades superiores. Porque no hay autoridad** (poder) **sino de parte de Dios, y las que hay** (las autoridades o poderes), **por Dios son establecidas.**

Si Dios establece todas las autoridades, El es la autoridad suprema. Dios creó la autoridad, por lo tanto, cuando hablamos de **Dios Señor**, nos referimos a un Dios soberano. *Soberano* significa altísimo, supremo, y absoluto.

Al estudiar la palabra *soberanía*, descubrimos que tiene todas las definiciones mencionadas anteriormente. Pero también, significa "sin condición". Hay quienes dicen que la autoridad de Dios es suprema, sin condición.

Aquí es donde difiero con algunos maestros. Dios es un ser supremo, pero *Su autoridad tiene condición*. Dios nunca obra sin cumplir las condiciones de Su propia Palabra. Dios no permite ciertas cosas simplemente por causa de Su Palabra. Todos necesitamos entender que Dios no rige las cosas de este mundo a pruebas y errores. Las leyes establecidas por Dios siempre están en funcionamiento.

Dios es la autoridad máxima, un ser supremo, que se conduce de acuerdo a Su propia ley, y esta ley no le permite hacer ciertas cosas. Por ejemplo, Dios tiene la habilidad de decir mentiras. Dios tiene la autoridad porque El es la máxima y total autoridad. Sin embargo, Su Palabra dice que Dios no miente (Tito 1:2). Por lo tanto, El ha puesto una condición a su habilidad y El no se permite mentir porque violaría Su propia ley.

Todos podemos reconocer que Dios es soberano en el sentido de que El es el supremo y altísimo Dios, pero no está exento de condiciones. El se rige por requisitos y *siempre* actúa de acuerdo a las leyes de Su Palabra.

El Señor me dio está definición: *La soberanía de Dios es El funcionamiento de las leyes de Dios, las conozcamos o no.* Usted puede conocer o desconocer las leyes de Dios. Es responsable de lo que conoce. Pero habrán leyes que no conoce.

Las leyes funcionan. Son absolutas y funcionan sea que usted crea en ellas o no. Las leyes siempre funcionan salvo que sean reemplazadas por leyes superiores.

El que usted crea en la ley de gravedad no tiene gran importancia porque la ley entra automáticamente en operación. Si usted se tira de un edificio, enseguida comprobará que la ley de gravedad funciona, y funciona siempre porque es una ley, algo absoluto. No obstante, la ley de ascenso reemplaza la ley de gravedad. Eso no quiere decir que la ley de gravedad no sirve, sino que la reemplaza una ley superior.

En Efesios 1:20-23, Pablo oró por la Iglesia diciendo:

... la cual operó en Cristo, resucitándole de los muertos y sentándole a su diestra en los lugares celestiales, sobre todo principado y autoridad y poder y señorío, y sobre todo nombre que se nombra, no sólo en este siglo, sino también en el venidero;

y sometió todas las cosas bajo sus pies, y lo dio por cabeza sobre todas las cosas a la iglesia, la cual es su cuerpo, la plenitud de Aquel que todo lo llena en todo.

Esta escritura establece que Dios es un Dios soberano, supremo, y la autoridad máxima en el universo por encima de todas las demás. También menciona varios niveles de autoridad: principados, potestades, poder y señorío.

Tenemos que conocer los diferentes tipos y niveles de autoridad. Ya hemos visto que Dios es la autoridad suprema y superior. El primer capítulo de Hebreos tiene una serie de escrituras que sirven para apoyar esta verdad aún más:

Dios, habiendo hablado muchas veces y de muchas maneras en otro tiempo a los padres por los profetas, en estos postreros días nos ha hablado por el Hijo, a quien constituyó heredero de todo, y por quien asimismo hizo el universo;

el cual, siendo el resplandor de su gloria, y la imagen misma de su sustancia, y quien sustenta todas las cosas con la palabra de su poder, habiendo efectuado la purificación de nuestros pecados por medio de sí mismo, se sentó a la diestra de la Majestad en las alturas,

hecho tanto superior a los ángeles, cuanto heredó más excelente nombre que ellos.

Porque ¿a cuál de los ángeles dijo Dios jamás; Mi Hijo eres tú, Yo te he engendrado hoy, y otra vez: Yo seré a el Padre, y él me será a mi hijo?

Y otra vez, cuando introduce al Primogénito, en el mundo, dice: Adórenle todos los ángeles de Dios.

Ciertamente de los ángeles dice: El que hace a sus ángeles espíritus, y a sus ministros llama de fuego.

Más del Hijo dice: Tu trono, oh Dios, por el siglo del siglo; Cetro de equidad es el cetro de tu reino.

Has amado la justicia, y aborrecido la maldad, por lo cual te ungió Dios, el Dios tuyo, con óleo de alegría más que a tus compañeros.

Hebreos 1: 1-9

Algunos han interpretado mal este último verso: **Dios, el Dios tuyo, te ha ungido con el óleo de alegría más que a tus compañeros.** Dicen que esta escritura quiere decir que los ministerios — aquellos ministerios dentro del Cuerpo de Cristo que funcionan con los dones del Espíritu Santo — tienen una posición más elevada que el resto de los creyentes.

Dios no le ha dado a ningún hombre derecho de usurpar la autoridad sobre otro. El nos ha dado ciertas responsabilidades que conllevan autoridad, pero eso no quiere decir que podemos gobernar a otros. Debemos gobernar y reinar sobre los demonios y los espíritus malignos. Si deseamos usurpar autoridad, quitémosela a un demonio, no a otro hombre.

Mi intención es demostrar que Jesús está por encima de todos los hombres. Nosotros somos el Cuerpo de Cristo, y Jesús — la cabeza de la Iglesia — está sobre el Cuerpo. Cuando entendemos esto, comprendemos que Jesús está por encima de todos los otros elementos. Por ser parte del Cuerpo, todos los otros elementos están bajo nuestros pies al igual que están debajo de Jesús, lo cual nos da mayor entendimiento sobre los diferentes niveles de autoridad.

Al hablar de Jesús, el libro de Apocalipsis 19:13 dice: **Estaba vestido de una ropa teñida en sangre; y su nombre es: EL VERBO DE DIOS.** Jesús es la Palabra de Dios. El versículo 16 dice: **Y en su vestidura y en su muslo tiene escrito este nombre: REY DE REYES Y SEÑOR DE SEÑORES.** Esto indica sin duda alguna El es el Dios supremo y la autoridad soberana.

Porque somos herederos de Dios y coherederos con Jesús, somos parte de Su plan de autoridad. Estamos llamados a reinar como reyes. Jesús es el Rey de reyes y el Señor de señores. Estamos llamados a gobernar como señores. No le quitemos a El Su posición, ni nos pongamos en una posición equivocada, sino tomemos cada uno nuestra posición con El y honremos a Jesús como Cabeza.

Algunas personas han tratado de exhaltarse a una posición más elevada. Otros han intentado sobrepasar a Dios, como lo intentó hacer Satanás. En Isaías 14:13, leemos como Lucifer dijo ... **subiré al cielo junto a las estrellas de Dios.**

Si estudiamos esta historia, veremos que Satanás o Lucifer, tenía una posición clave desde el comienzo. Sin embargo, no estaba satisfecho y quiso estar por encima de Dios. Utilizó la ley de Dios de manera equivocada y la pervirtió. De acuerdo a Marcos 11:23, el confesó con su boca y creyó en su corazón lo que quería, pero como la utilizó para mal, su plan no dio resultado.

Quiero que entiendan algo muy importante acerca de la soberanía. Muchas veces usamos como excusa: "Eso fue un acto soberano de Dios", cuando en realidad es una ley de Dios en operación. Lo que ocurre es que podemos utilizar las leyes de Dios sin tan siquiera saberlo. Las leyes operan aunque no las entendamos, pero si conocemos cómo funcionan, las podremos aprovechar.

Casi todas las enseñanzas acerca de la soberanía tienden a echarle la culpa a Dios por nuestros fracasos. No entendemos que la responsabilidad es totalmente nuestra.

Muchos dicen: "Las cosas no me van bien. No sé por qué". La respuesta es simple, porque han utilizado las leyes en una forma errónea y negativa.

La Biblia claramente enseña que tenemos lo que decimos (Marcos 11:23,24). Cuando decimos "No funciona para mí" estamos operando esa ley de forma negativa. Recibimos lo dicho, pero con resultados negativos. A menudo culpamos la "soberanía de Dios" por estas cosas, cuando en realidad, Dios nos ha delegado la autoridad.

Seguro estoy de una cosa: ¡el problema no es Dios!

3
Niveles de Autoridad Bajo Dios

En cuanto tocamos el tema de la autoridad surgen muchas preguntas. ¿Cómo reconocemos la autoridad? ¿Cómo la aplicamos? ¿Cómo sabemos cuándo y cómo someternos a los diferentes niveles de autoridad?

Hay un patrón que siempre se aplica tanto a nuestra vida espiritual como física. Y cuando hay conflicto entre personas en autoridad, la única solución es buscar una autoridad aún superior. Esta autoridad, superior a las otras, soluciona el problema. Debemos recurrir a una autoridad mayor para resolver cualquier asunto o conflicto en nuestra vida, ya sea en lo natural o en lo espiritual.

Para entender bien en qué consiste la autoridad, debemos distinguir y conocer los diferentes niveles de autoridad.

Poderes Superiores

Dios ha ordenado **que toda persona se someta a las autoridades superiores** (Romanos 13:1). ¿Cúales son estas autoridades o poderes superiores? Básicamente, son tres. Como aprendimos en el Capítulo 2, la primera y suprema autoridad o poder es Dios. El es la autoridad suprema de toda la creación. Las otras dos posiciones de autoridad en este nivel superior son la verdad y la conciencia del hombre. Nadie tiene el derecho de violar estos tres niveles de autoridad.

La Verdad - Una Autoridad Veraz

La autoridad veraz es un tipo de autoridad que por mucho tiempo hemos pasado por alto. Veraz significa verdadera. La autoridad acompaña la verdad. Jesús dijo, **Y conoceréis la verdad, y la verdad os hará libre.** (Juan 8:32.)

Desde el punto de vista matemático, podemos usar esta simple fórmula: 2 + 2 = 4. Esto no es algo arbitrario. No importa cuanto trate, esta suma no puede dar cinco porque no sería veraz. La verdad tiene autoridad. Una verdad es acompañada automáticamente de autoridad. El hecho que es verdad le da autoridad.

Jesús dijo, **Yo soy el camino, la verdad y la vida** (Juan 14:6). Desde el momento en que hallamos la verdad, ésta comienza a darnos libertad. Pero en realidad es algo más profundo que ver la verdad, hay que *conocer* la verdad. La verdad por sí sola nunca te hará libre. Es *conocer* la verdad lo que te da libertad. Todos hemos sido liberados porque Jesús pagó el precio por toda la humanidad, pero muchos no lo saben porque nadie les ha dicho.

Cuando decimos *verdad* ¿a qué nos referimos? Bueno, las Escrituras contienen verdad; contienen las palabras de Jesús, y debemos conocer las palabras de Jesús para ser libres.

Cuando decimos que las Escrituras son verdad, algunas cosas tienen que ser aprobadas. Los antiguos profetas escribieron según la inspiración del Espíritu Santo. Ahora bien, el Espíritu Santo es también conocido como el Espíritu de Verdad. Por lo tanto, cuando el Espíritu Santo los inspiró, ellos escribieron la verdad. Las palabras de Jesús eran palabras de vida y verdad. Las Escrituras tienen autoridad porque contienen la verdad.

Cuando alguien dice una mentira acerca de ti, esto en realidad no tiene importancia. Cuando la verdad sale, la autoridad reina. Cuando se *conoce* la verdad, todo lo demás se descarta; todo cambia y queda limpio. ¿Por qué? Porque la verdad tiene autoridad.

Hay ciertas realidades acerca de la verdad, en las cuales debemos meditar:

Niveles de Autoridad Bajo Dios

Ninguna cosa contraria a las Escrituras puede ser verdad.

No estamos obligados a aceptar nada, más que las Escrituras. Ninguna mentira que el Diablo nos presente puede atarnos. Cuando él te dice que estás enfermo, tú le puedes responder, "¡No, no es cierto! Yo estoy sano porque la Palabra de Dios así lo dice". ¿Por qué? Porque la Palabra de Dios es verdad.

Todo creyente tiene la responsabilidad ante Dios de escudriñar las Escrituras y encontrar la verdad. Esto es imprescindible porque muchas personas quieren ejercer autoridad erróneamente sobre otras. Algunos están adoctrinados a creer todo lo que se les dice. Pero todo creyente tiene la responsabilidad de estudiar las Escrituras y aprender la verdad.

En Gálatas 1:9 Pablo aclara: **Como antes hemos dicho, también ahora lo repito: Si alguno os predica diferente evangelio del que habéis recibido, sea anatema.** Aunque se te aparezca el ángel más grande del mundo, no creas lo que te dice a menos que esté de acuerdo con la Palabra de Dios, no importa las señales que lo acompañen.

No importa quién es ni cuánto tiempo lleva esta persona en el ministerio, si su enseñanza no está en línea con la Palabra, no la aceptes. Es más, si tú no confirmas que lo que predica está de acuerdo a la Palabra, serás tú el equivocado.

> **Inmediatamente, los hermanos enviaron de noche a Pablo y a Silas hasta Berea. Y ellos, habiendo llegado, entraron en la sinagoga de los judíos.**
>
> **Y estos eran más nobles que los que estaban en Tesalónica, pues recibieron la palabra con toda solicitud, escudriñando cada día las Escrituras para ver si estas cosas eran así.**
>
> **Así que creyeron muchos de ellos, y mujeres griegas de distinción, y no pocos hombres.**
>
> Hechos 17:10-12

Pablo y Silas eran los que estaban predicando, sin embargo los que escuchaban se preguntaron si era verdad lo que decían. Ellos recibieron la Palabra en su mente con una disposición favorable, o sea, abiertamente. Sin embargo, cuando oyeron la Palabra de Dios predicada por el Apóstol Pablo, quien tenía más revelación que ninguno de ellos, la compararon con las Escrituras. Estas personas **escudriñaron cada día las Escrituras para ver si estas cosas eran así.**

Recuerda que debes comprobar lo que significa la verdad. **Todo lo que aparece en la Biblia está escrito verazmente, pero no todo en la Biblia es verdad.** La historia bíblica de Job es un ejemplo clásico. **Jehová dio y Jehová quitó; bendito sea el nombre de Jehová.** (Job 1:21.) Esta declaración está registrada verídicamente, pues Job en efecto pronunció esas palabras, pero no son ciertas. Dios no es un ladrón; El es el dador de la vida. ¡Satanás fue quien le robó a Job!

La Palabra de Dios es verdad, pero la sabiduría de Dios está escondida y hay que buscarla. Como dijo Pablo en su segunda epístola a Timoteo:

> **Procura con diligencia presentarte a Dios aprobado, como obrero que no tiene de que avergonzarse, que traza bien la palabra de verdad.**
>
> **2 Timoteo 2:15**

Procuremos mostrarnos aprobados delante de Dios, utilizando bien la Palabra de Dios. Cuando alguien nos ministra la Palabra, es nuestra responsabilidad escudriñarla.

Sólo cuando la probamos en nuestro propio corazón, queda la Palabra establecida, de manera que no nos movamos por cualquier viento de doctrina (Efesios 4:14). Mantengámonos sólidos, concretos, y establecidos en lo que creemos.

La Autoridad de la Conciencia

Sométase toda persona a las autoridades superiores...

Por lo cual es necesario estarle sujetos, no solamente por razón del castigo, sino también por causa de la conciencia.

Romanos 13: 1,5

¿Qué significa la palabra *conciencia*? Cuando la Biblia usa el término conciencia, se refiere al corazón. La palabra *conciencia* se puede dividir en dos palabras: *con y ciencia*. *Con* significa dos y *ciencia* significa conocimiento.

El hombre es el producto de dos tipos de conocimiento: uno que viene de lo alto y otro que viene de adentro. Este conocimiento que viene de adentro del hombre es el producto de sus cinco sentidos físicos. Nosotros recibimos el conocimiento espiritual en nuestro corazón y el conocimiento intelectual en nuestra mente. La autoridad para conducirnos proviene de estos dos tipos de conocimiento.

Claro que este no es el único uso de la palabra *conciencia*. No estamos dándole un enfoque escolástico, sino más bien un concepto básico para ayudarnos a entender por qué las cosas son de la forma que son.

Muchas veces nos frustramos porque recibimos información de ambas áreas, la espiritual y la mental. Muy a menudo estos dos tipos de información están en conflicto el uno con el otro, lo cual provoca en nosotros cierta confusión. Hasta que recibamos más conocimiento, seguiremos en la misma confusión.

Jesús dijo: **Y conoceréis la verdad, y la verdad os hará libre** (Juan 8:32). Es solamente a través de conocer la verdad que podemos alcanzar un nivel de libertad y despojarnos de la confusión y las ataduras.

Algunos dicen que no saben la diferencia entre el bien y el mal, pero eso no es verdad. Cualquier persona cuya mente funciona normalmente sabe reconocer la diferencia entre el bien y el mal. El bien y el mal se pueden medir de la misma manera que tú quieras que el prójimo se comporte contigo. Por ejemplo, si alguien te roba el auto, tú sabes que esa persona ha hecho algo malo. ¿Por qué? Porque tu auto te pertenece a ti, y esta persona ha intentado quitártelo. Si reconoces el mal que otro te hace, conoces la diferencia entre el bien y el mal. Cuando algo es malo para otra persona, también es malo para ti.

Toda persona que dice que no sabe distinguir entre lo bueno y lo malo, o se está engañando a sí mismo o está mintiendo.

Dios estableció sus mandamientos para que pudiéramos diferenciar entre el bien y el mal. Sabemos que un acto es malo por los efectos dañinos que produce.

Cuando hablamos de la *conciencia*, nos referimos al conocimiento del corazón y al conocimiento de la mente. Depende de nuestra actitud hacia una situación.

> **Porque todos los que sin ley han pecado, sin ley también perecerán; y todos los que bajo la ley han pecado, por la ley serán juzgados;**
>
> **(porque no son los oidores de la ley los justos ante Dios, sino los hacedores de la ley serán justificados. Porque cuando los gentiles que no tienen ley, hacen por naturaleza lo que es de la ley, éstos, aunque no tengan ley, son ley para sí mismos, mostrando la obra de la ley escrita en sus corazones, dando testimonio su conciencia, y acusándoles o defendiéndoles sus razonamientos;)**
>
> **En el día en que Dios juzgará por Jesucristo los secretos de los hombres, conforme a mi evangelio.**
>
> **Romanos 2:12-16**

Esta escritura nos explica cómo serán juzgadas las personas que nunca han escuchado el Evangelio. El verso 15 dice, **mostrando la obra de la ley escrita en sus corazones, dando testimonio su conciencia.** Por sus conciencias, ellos van a saber lo bueno y lo malo y serán juzgados. Esto significa que la conciencia de por si lleva autoridad.

Quizás te preguntes: "¿Cómo puede una persona que nunca ha escuchado el Evangelio aceptar a Jesús como Señor y Salvador?"

Los hombres tienen cierto conocimiento de Dios porque los firmamentos mismos declaran la gloria de Dios. Aunque no conozca Su nombre, el hombre reconoce la existencia de una Autoridad Suprema a través del firmamento de los cielos. Pablo se dirigió al pueblo de Atenas de esta manera: **Porque pasando y mirando vuestros santuarios, hallé también un altar en el cual estaba esta inscripción: AL DIOS NO CONOCIDO. Al que vosotros adoráis, pues, sin conocerle, es a quien yo os anuncio.** (Hechos 17:23.) Aunque estas personas nunca habían escuchado las Buenas Nuevas, ellos adoraban un Dios desconocido. Pablo utiliza este Dios desconocido para presentarles a Jesús.

El hecho de tener una conciencia nos hace aptos para ser acusados o disculpados.

> **Porque el reino de Dios no es comida ni bebida, sino justicia, paz y gozo en el Espíritu Santo.**
>
> **Porque el que en esto sirve a Cristo, agrada a Dios, y es aprobado por los hombres.**
>
> **Así que, sigamos lo que contribuye a la paz y a la mutua edificación.**
>
> **No destruyas la obra de Dios por causa de la comida. Todas las cosas a la verdad son limpias; pero es malo que el hombre haga tropezar a otros con lo que come.**

> Bueno es no comer carne, ni beber vino, ni nada en que tu hermano tropiece, o se ofenda, o se debilite.
>
> ¿Tienes tú fe? Tenla para contigo delante de Dios. **Bienaventurado el que no se condena a sí mismo en lo que aprueba.**
>
> Pero el que duda sobre lo que come, es condenado, porque no lo hace con fe; y todo lo que no proviene de fe, es pecado.
>
> Romanos 14: 17-23

Observen el verso 22: **Bienaventurado el que no se condena a sí mismo en lo que aprueba.** ¿Cómo lo aprueba? Lo aprueba en su conciencia; su corazón y su mente están de acuerdo.

El conocimiento que procede del corazón y la mente forma la conciencia. El conocimiento de la Palabra de Dios invalida el conocimiento natural, por lo tanto, necesitamos actuar de acuerdo a la Palabra. Si no lo hacemos, nuestro corazón nos condenará. Cuando tu corazón sabe como actuar de acuerdo a la Palabra de Dios, pero tú te rebelas en contra de ella, tu propio corazón te condena.

Algunas personas discuten y debaten acerca de qué día se debe adorar. La mayoría opina que es el domingo, pero algunos dicen que debe ser el sábado. Te puedes pasar el día entero discutiendo sobre este asunto, pero en realidad tú eres libre para escoger. Si estudias la Biblia descubrirás que la verdad es que debemos adorar siete días a la semana.

Si un hombre cree que debe adorar en el sábado, pero en vez de adorar en el sábado, lo hace en domingo, su propio corazón lo va a condenar, pues ha violado la autoridad de su conciencia. Dios nos dice muchas cosas acerca de la autoridad de la conciencia.

Muchas personas quieren dictar lo que otras pueden o no pueden hacer, aun cuando no les corresponde. Todo individuo es responsable de probar la Palabra de Dios en su propio corazón. Ocúpate de declarar y hacer lo que tú sabes que debes hacer. A nosotros no nos corresponde juzgar a los demás. Pero la conciencia es la que gobierna la autoridad en que operamos. Si violas tal autoridad, entonces eres responsable de cumplir el castigo.

Niveles Menores de Autoridad

Dentro de los confines del planeta tierra, existen varios niveles de autoridad: la autoridad delegada, la autoridad condicional, la autoridad funcional, y la autoridad por costumbre.

Autoridad Delegada

Obedeced a vuestros pastores, y sujetáos a ellos; porque ellos velan por vuestras almas, como quienes han de dar cuenta; para que lo hagan con alegría, y no quejándose, porque esto no os es provechoso.
Hebreos 13:17

Esta escritura establece la autoridad delegada. La policía opera de acuerdo a la autoridad delegada. Dios les ha dado el privilegio y la responsabilidad de gobernarnos según las leyes de la nación. Esta autoridad les ha sido delegada. De la misma manera, las leyes que nos dictan a obedecer a los que nos gobiernan se pueden aplicar al mundo espiritual también.

Como creyentes tenemos una autoridad que Dios nos ha delegado, y con esa autoridad hemos recibido una responsabilidad.

El Señor ha delegado ciertas responsabilidades a los cinco ministerios - el apóstol, el profeta, el evangelista, el pastor y el maestro. Algunos creyentes presentan su autoridad de tal manera que quieren obligar a aceptar lo que ellos dicen, cuándo lo dicen y cómo lo dicen. Sin embargo, Dios no ha delegado ese tipo de autoridad a ningún hombre.

La palabra *gobernar* en el idioma griego simplemente significa "liderazgo como el de pastor". Gobernar no consiste en señorear sobre los demás, sino en guiarlos de la misma manera que lo haría un pastor de ovejas. El pastor se interesa por sus ovejas, las ama y las guía. Inclusive daría su vida por ellas.

Cuando hablamos sobre el liderazgo de un pastor, la primera imagen que nos viene a la mente es la de Jesús porque El es el Buen Pastor. El es el ejemplo perfecto de un líder y Jesús nunca gobernó ni señoreó sobre nadie.

Autoridad y responsabilidad - estas dos palabras van unidas. **La autoridad proviene de la responsabilidad.** Ambas están en el mismo nivel. Si tú has recibido autoridad para hacer algo, esto significa que tienes una responsabilidad. Si tienes una responsabilidad, seguramente tienes autoridad. Sería injusto que te hicieran responsable de un trabajo sin darte autoridad para desempeñarlo. Dios nunca hace eso porque la Biblia dice que Dios es justo. Si El te da una responsabilidad para un trabajo determinado, también te dará la autoridad.

La autoridad nunca excede tu responsabilidad. En donde termina tu responsabilidad, termina tu autoridad. En muchas ocasiones cometemos errores porque tomamos autoridad en asuntos donde no somos responsables, y siempre acabamos en problemas.

Permítanme darles una ilustración. ¿Castigas tú a los niños de tu vecino? Seguro que no, ¿verdad? ¿Por qué no? Porque no son tuyos. Y si no son tu responsabilidad, tampoco tienes autoridad sobre ellos.

Quizás te preguntes: "¿Pero y los maestros que castigan a los niños en el colegio?"

A los maestros se les otorga la responsabilidad de enseñar, entrenar y cuidar a sus alumnos. Ellos en realidad

Niveles de Autoridad Bajo Dios

se convierten en los padres de esos niños durante el día. Se convierten en representantes de los padres y como tales toman su lugar. Por lo tanto, los maestros tienen autoridad. Ustedes los padres, les dieron esa autoridad en el momento que les dieron la responsabilidad de enseñar y entrenar a sus hijos.

No tendría sentido alguno exigir a los maestros la responsabilidad de enseñar, entrenar y cuidar a nuestros hijos sin darles autoridad para corregirlos. La autoridad viene con la responsabilidad.

Así que, somos embajadores en nombre de Cristo, como si Dios rogase por medio de nosotros; os rogamos en nombre de Cristo: Reconciliaos con Dios.
2 Corintios 5:20

La autoridad que Dios nos ha dado se puede comparar con la autoridad de un embajador. El embajador recibe autoridad y está limitado a actuar según los límites de su autoridad.

Cuando yo trabajé para el hermano Kenneth Hagin mi responsabilidad era administrar la oficina cuando él estaba de viaje. Una de mis responsabilidades consistía en contestar la correspondencia. Cuando ésta llegaba, yo llamaba por teléfono al hermano Hagin para que me guiara como contestar las cartas. Al final de la conversación, él me decía, "Firma mi nombre". Kenneth Hagin me dio autoridad para firmar su nombre. La responsabilidad de contestar la correspondencia era mía, y junto con ella venía la autoridad. Yo era su embajador, su representante y actuaba en su nombre.

Los mismos principios se aplican a las compañías de seguro y sus agentes. El agente de seguro no es la compañía; sino el representante de la misma. El agente actúa de parte de la empresa de acuerdo a sus intereses. La compañía delega autoridad al agente para escribir pólizas, pagar reclamos y manejar los detalles del negocio.

De la misma manera, Dios ha delegado autoridad al Cuerpo de Cristo. Nosotros somos Sus embajadores. ¿En qué consiste nuestra autoridad? En reconciliar al mundo con Dios, en darles las Buenas Nuevas del Evangelio de Cristo. Si Jesús estuviera en la tierra hoy, todavía estaría predicando, enseñando, e imponiendo las manos a los enfermos. Pero Jesús no está aquí; por lo tanto, nosotros somos Sus embajadores pues El ha delegado Su autoridad a la Iglesia. Dios no te va a decir que eches fuera demonios sin darte autoridad para hacerlo. No hay nada que temer, tenemos la autoridad.

Sin embargo, si no cumplimos nuestra responsabilidad, nunca vamos a poder ejercer nuestra autoridad. La autoridad está vigente, pero hay que ejercerla. Es necesario entender a quien representas. No es en tu nombre, sino en el nombre de Jesús. Es Su nombre el que tiene toda la autoridad.

Autoridad Condicional

Cuando ejercemos la autoridad que ha sido delegada a otra persona, debemos cumplir la condición de esa autoridad y especificar exactamente cual es nuestra responsabilidad. Esta es la autoridad condicional.

En el caso de la autoridad condicional, tanto en lo natural como en lo espiritual, entramos en un contrato legal.

> **Y Jacob amó a Raquel, y dijo: Yo te serviré siete años por Raquel tu hija menor.**
>
> **Y Labán respondió: Mejor es que te la dé a ti, y no que la dé a otro hombre; quédate conmigo.**

Jacob hizo un pacto - un contrato - con Labán, el padre de Raquel. Sin embargo, fue un acuerdo condicional o estipulativo; este acuerdo tenía un tiempo límite.

> **Así sirvió Jacob por Raquel siete años; y le parecieron como pocos días, porque la amaba.**

Niveles de Autoridad Bajo Dios

> **Entonces dijo Jacob a Labán: Dame mi mujer, porque mi tiempo se ha cumplido, para unirme a ella.**
>
> **Genesis 29:20, 21**

Jacob hizo un acuerdo condicional con Labán de trabajar siete años para ganarse a Raquel. Al cumplirse este período de tiempo, Jacob se dirigió a Labán y proclamó el cumplimiento del contrato. El cumplió las condiciones de su acuerdo con Labán.

Siempre que tenemos responsabilidades condicionales, éstas van acompañadas de autoridad. La autoridad está limitada a las responsabilidades. Es difícil entender las diferentes leyes que se aplican en esta área si no las estudiamos y aplicamos por nosotros mismos. Por ejemplo, no se pueden entender la leyes que gobiernan la ley de aviación, hasta que las apliques. Debes estudiar para entender por qué existen tantas leyes distintas en operación en todo momento. La ley de la ascención y la ley de gravedad son leyes opuestas, igual que la ley de empuje y la ley de arrastre. Antes de pilotear un avión, debes comprender cómo operan estas leyes.

Por eso es que muchos creyentes tienen problema con los asuntos espirituales, porque en vez de tomar tiempo para estudiar y comprender las leyes de Dios, utilizan leyes opuestas y luego no entienden la razón por la cual no funcionan correctamente.

Cuando dos leyes opuestas entran en contacto existe conflicto. Muchas personas no saben qué hacer, y no están capacitadas para poner en operación las leyes apropiadas y lograr los resultados deseados. Por eso se debe tomar el tiempo necesario para estudiar y ser aprobado delante de Dios (2 Timoteo 2:15). Examina las leyes de Dios. Descubre cómo operan. Reconoce cuales leyes son recíprocas (se complementan), y cuales son opuestas.

La Autoridad Que Proviene de Las Costumbres

Entonces Labán juntó a todos los varones de aquel lugar, e hizo banquete.

Y sucedió que a la noche tomó a Lea su hija, y se la trajo; y él se llegó a ella.

Y dio Labán su sierva Zilpa a su hija Lea por criada.

Venida la mañana, he aquí que era Lea; y Jacob dijo a Labán: ¿Qué es esto que me has hecho? ¿No te he servido por Raquel? ¿Por qué, pues, me has engañado?

Y Labán respondió: No se hace así en nuestro lugar, que se dé la menor antes de la mayor.

Cumple la semana de ésta, y se te dará también la otra, por el servicio que hagas conmigo otros siete años.
Génesis 29: 22-27

Jacob tuvo un acuerdo condicional con Labán; sin embargo, existía otra ley que reemplazó a esta, otra autoridad adicional: una costumbre.

Ciertos aspectos de las costumbres pueden ser buenos o malos según como se utilizen. En este caso, Labán se aprovechó de la ley y la utilizó para su propio beneficio. Puede que no fuera una ley justa o buena, pero era una ley.

En el Nuevo Testamento, Pablo habla sobre el tema de las costumbres. **Con todo eso, si alguno quiere ser contencioso, nosotros no tenemos tal costumbre, ni las iglesias de Dios.** (1 Corintios 11:16.) Pablo comprobó un hecho diciendo que no había tal costumbre; de esta forma vemos la autoridad de una costumbre. Cuando existe una costumbre, ésta tiene autoridad y hay que obedecerla.

Por ejemplo, si vas a una iglesia donde la congregación no levanta las manos para alabar a Dios, te sientes influenciado por su autoridad cuando levantas tus manos. La autoridad de su costumbre afecta tu conducta. Puede que quieras alabar a Dios, pero la costumbre de esta congregación tiene autoridad sobre tí. La tradición tiene autoridad.

Niveles de Autoridad Bajo Dios

Entonces se acercaron a Jesús ciertos escribas y fariseos de Jerusalén, diciendo:

¿Por qué tus discípulos quebrantan la tradición de los ancianos? Porque no se lavan las manos cuando comen pan.

Respondiendo él, les dijo: ¿Por qué también vosotros quebrantáis el mandamiento de Dios por vuestra tradición?

Porque Dios mandó diciendo: Honra a tu padre y a tu madre; y el que maldiga al padre o a la madre, muera irremisiblemente.

Pero vosotros decís: Cualquiera que diga a su padre o a su madre: Es mi ofrenda a Dios todo aquello con que pudiera ayudarte, ya no ha de honrar a su padre o a su madre. Así habéis invalidado el mandamiento de Dios por vuestra tradición.

Hipócritas, bien profetizó de vosotros Isaías, cuando dijo:

Este pueblo de labios me honra; mas su corazón está lejos de mí.

Pues en vano me honran, enseñando doctrinas, mandamientos de hombres.

Mateo 15:1-9

Es aceptable tener costumbres. En nuestra iglesia tenemos una costumbre de aplaudir cuando recibimos la ofrenda, y cualquier costumbre es aceptable siempre que esté de acuerdo con la Palabra. La gente se equivoca cuando trata de imponer costumbres o tradiciones que no aparecen en las Escrituras.

La Autoridad Funcional

La forma en que tú te comportas tiene autoridad. Es decir, tú tienes autoridad según tus habilidades, ya sea por nacimiento, entrenamiento o impartición. Algunos nacen con habilidades o dones especiales. Hay quienes nacen con oído para la música. El músico Doyle Tucker es una de estas personas. Para él la música es algo natural, a pesar de que tuvo entrenamiento. Cuando Doyle se sienta a tocar piano, se siente que fluye autoridad a través de su música.

Yo siempre he tenido facilidad para las matemáticas. Para mí es algo natural calcular porcentajes y sumar números. Y también tengo autoridad en otras áreas que he recibido a través de la impartición. Por ejemplo, cuando Dios me llamó a pastorear, me dijo: "Regresa a Tulsa. Abre una iglesia local, un centro de enseñanza carismático que se extienda por el mundo entero". El me instruyó a pastorear de una forma sobrenatural. Yo recibí habilidad para pastorear a través de la impartición.

Hay otra autoridad que se recibe a través de impartición del Espíritu de Dios. Por ejemplo, Smith Wigglesworth fue un gran hombre de Dios que recibió autoridad de parte de Dios a través de la impartición. Era un hombre de mediana edad cuando respondió al llamado de Dios en su vida, un hombre sin educación, que no sabía leer ni escribir, pero Dios le impartió habilidad para leer un libro específico, la Biblia.

A través del don que Dios le impartió, Wigglesworth se convirtió en una autoridad en lo que concierne a la Palabra de Dios. Como resultado de su ministerio, tres muertos resucitaron, y muchos otros se sanaron. Pocos hombres han experimentado la autoridad con que Wigglesworth caminó, que sin duda era de Dios. Durante una cruzada de tres días, Wigglesworth ministró y dio instrucciones específicas a la audiencia diciéndoles: "A los que les he ministrado anteriormente, no vuelvan a ponerse en la línea de oración". El poder de sanidad de Dios estaba funcionando en ellos, de modo que no había necesidad de volver a orar por ellos.

La segunda noche de la cruzada vino un señor con muletas para que oraran por él de nuevo y se dispuso a subir los escalones de la plataforma. Cuando pasó adelante para que le pusieran manos, el hermano Wigglesworth le dijo, "¿Ya yo no le ministré a usted anoche?"

El hombre respondió, "Sí, pero no me sané".

"¿Qué no se sanó? ¿Qué no se sanó? ¡Sí, usted se sanó! ¡Lo que pasa es que usted ni cuenta se ha dado!" Con la misma Wigglesworth le dio media vuelta y le dio un puntapié en la parte posterior echándolo de la plataforma. La autoridad que Dios le impartió le daba derecho de conducirse de esa forma.

Conozco otro caso de una señora en una iglesia que recibió habilidad para tocar piano por medio de impartición. Aunque nunca había aprendido ni tenía entrenamiento, Dios de repente le otorgó este don. Dios se lo impartió.

El libro de Proverbios 18:16 lo expresa de esta manera: **La dádiva del hombre le ensancha el camino, y le lleva delante de los grandes.** Si tú tienes un don de Dios, ya sea por nacimiento, por entrenamiento o impartición, ese don o dádiva ensanchará tu camino, y si tú tienes habilidad en esa área, ese don se manifestará.

Algunas personas han recibido entrenamiento y han desarrollado habilidades en una área en particular para poder funcionar con autoridad. Como resultado de cultivar sus habilidades, se produce autoridad en sus vidas.

Por ejemplo, supongamos que en un accidente de tránsito una mujer resulta herida. Tres hombres ven el accidente: un policía, un mecánico y un doctor. ¿Cúal de los tres ofrecerá asistencia médica a la mujer? ¿El mecánico? No. ¿El policía? No. El doctor. Porque él tiene entrenamiento y habilidad en esa área y por lo tanto, tiene autoridad.

El mecánico dará sus servicios de acuerdo a su entrenamiento. El tiene habilidad y autoridad para arreglar el auto y ponerlo en condiciones de volver a funcionar, lo cual el doctor no puede hacer.

Debido a la autoridad del policía, sus servicios serán utilizados en otra forma, o sea, para dirigir el tráfico y encargarse de los detalles oficiales del accidente.

Cuando una persona se mueve en una área específica de autoridad, ya sea por nacimiento, entrenamiento o impartición, sería absurdo que otra persona ocupara su función sin autoridad.

¿Por qué? Por que no tiene autoridad.

Una vez que conoces tu posición en el Cuerpo de Cristo y entiendes tu llamado no hay por qué intentar hacer otras cosas. A medida que te entrenas y desarrollas en cada área, podrás pasar a cosas más importantes. Muchas personas no quieren entrenarse, por eso no están preparadas cuando llega el momento de obrar.

Cuando yo trabajé para Kenneth Hagin, hubo un tiempo en que yo leía un libro diferente todos los días sobre administración de negocios y otros asuntos relacionados con mi trabajo. Cuando comenzamos a producir cintas gradabas, yo empezé a estudiar cómo grabar y producir cintas. Yo podría citar los diescisiete puntos más críticos en la producción de una cinta grabada. Gracias a mi conocimiento pude trabajar con autoridad.

Los mismos principios se aplican en el hogar. Cada uno de nosotros necesita desenvolverse dentro de su capacidad como esposo, esposa, padre, o hijo. La mayoría de los esposos y esposas no tienen éxito porque no están equipados ni capacitados para hacer lo que deben hacer. Por ejemplo, el que está entrenado y tiene habilidad para pagar las cuentas, que lo haga. No tiene que ser el hombre obligatoriamente el que maneje las cuentas. Si él no tiene capacidad para hacer los pagos, es tonto que lo haga. Si no fuera porque algunos hombres tienen una buena esposa que se ocupa de sus finanzas, ya hubieran fracasado hace tiempo en sus negocios. Si el esposo está capacitado en esa área, y tiene esa responsabilidad en su casa, entonces tiene la autoridad para hacerlo.

Lo importante es funcionar de acuerdo a nuestras habilidades. Mi esposa y yo tenemos un acuerdo. Yo decido cuáles cuentas se deben pagar y en qué momento; ella escribe los cheques.

Las casadas estén sujetas a sus propios maridos, como al Señor; (Efesios 5:22). La clave de este verso es: **como al Señor.** ¿Cómo nos sometemos al Señor? En amor. Lo mismo ocurre con las esposas. Todo esto lo hacemos en amor, para que el esposo y la esposa sean una bendición el uno para el otro. Estamos para complementarnos, donde uno es débil, el otro es fuerte.

No permitan que su matrimonio se frustre por tratar de ejercer autoridad donde no hay responsabilidad. Si van a tomar la autoridad, entonces tienen que estar dispuestos a aceptar la responsabilidad. Los esposos, si quieren ser la cabeza de su hogar, deben aceptar la responsabilidad, en espíritu, alma y cuerpo.

Efesios 5:21 dice: **Sometéos unos a otros en el temor de Dios.** Es fácil someternos en el temor de Dios cuando estamos llenos de la presencia y el poder de Dios. Si intentas someterte de forma legalista, te vas a lamentar y quejar día y noche. Eso no es lo que Dios quiere.

Muchas personas quieren ejercer una autoridad indebida en el momento inoportuno, y en muchas ocasiones van en contra de la voluntad de alguien. En Juan 8:31, Jesús dijo, **Si permaneciéreis en mi palabra, seréis verdaderamente mis discípulos.** Las palabras claves en este verso son **permaneciéreis en mi palabra.** Jesús no dijo que para ser discípulo tenemos que permanecer en la palabra del pastor. No, **"Permaneciéreis en Mi Palabra"**.

Quizá te preguntes, "¿No debemos escuchar a nuestro pastor?" Solamente si enseña la Palabra de Dios.

> **Entonces Pablo, mirando fijamente al concilio, dijo: Varones hermanos, yo con toda buena conciencia he vivido delante de Dios hasta el día de hoy.**
>
> **El sumo sacerdote Ananías ordenó entonces a los que estaban junto a él, que le golpeasen en la boca.**
>
> **Entonces Pablo le dijo: ¡Dios te golpeará a ti, pared blanqueada!......**
>
> **Hechos 23: 1-3**

El apóstol principal no puso la otra mejilla. Aquí hay tres elementos: el sumo sacerdote, el apóstol principal, y la Palabra de Dios. ¿Por qué se enojó Pablo? En el verso 3 continua... **¿Estás tu sentado para juzgarme conforme a la ley, y quebrantando la ley me mandas a golpear?**

¿Cúal era su argumento? La ley de Dios. Pablo recibió un golpe en la cabeza y no le gustó. No estaba de acuerdo con la ley de Dios. ¿A qué autoridad estaba él apelando? A la autoridad de la Palabra, una autoridad superior.

> **Los que estaban presentes dijeron, ¿Al sumo sacerdote de Dios injurias?**
>
> **Pablo dijo, no sabía, hermanos, que era el sumo sacerdote; pues escrito está: No maldecirás a un príncipe de tu pueblo.**
>
> **Hechos 23: 4,5**

¿Quiere esto decir que Pablo se rindió? Sí, pero no al sumo sacerdote, sino a la Palabra de Dios. El no se rindió al hombre, sino al sumo sacerdote de Dios, pues la Palabra de Dios tenía la autoridad mayor.

> **Entonces se le acercó la madre de los hijos de Zebedeo con sus hijos, postrándose ante él y pidiéndole algo.**
>
> **El le dijo: ¿Qué quieres? Ella le dijo: Ordena que en tu reino se sienten estos dos hijos míos, el uno a tu derecha, y el otro a tu izquierda.**

Niveles de Autoridad Bajo Dios

Entonces Jesús respondiendo, dijo: No sabéis lo que pedís. ¿Podéis beber del vaso que yo he de beber, y ser bautizados con el bautismo con que yo soy bautizado? Y ellos le dijeron: Podemos.

El les dijo: A la verdad, de mi vaso beberéis, y el bautismo con que yo soy bautizado, seréis bautizados; pero el sentaros a mi derecha y a mi izquierda, no es mío darlo, sino a aquellos para quienes está preparado por mi Padre.

Cuando los diez oyeron esto, se enojaron contra los dos hermanos.

Mateo 20: 20-24

¡Que atrevimiento el de Juan y Santiago de querer estar por encima de los demás! Eso es lo que muchos intentan hacer. Satanás lo intentó siendo el arcángel Lucifer en el cielo, y ¡ya sabemos lo que le aconteció!

La autoridad funcional es servir a los demás. Esta es una de las reglas del Reino.

Efesios 2:19, 20 dice: **Así que ya no sois extranjeros ni advenedizos, sino conciudadanos de los santos, y miembros de la familia de Dios, edificados sobre el fundamento de los apóstoles y profetas, siendo la principal piedra del ángulo Jesucristo mismo.**

Cuando de verdad examinamos la familia de Dios, encontramos que aquellos que tienen el llamado de apóstoles, profetas, evangelistas, pastores y maestros están debajo, no encima. Son siervos del Cuerpo de Cristo.

Según 1 Pedro 5:2, la responsabilidad de los cinco ministerios es ésta:

Apacentad la grey de Dios que está entre vosotros, cuidando de ella, no por fuerza, sino voluntariamente; no por ganancia deshonesta, sino con ánimo pronto;

no como teniendo señorío sobre los que están a vuestro cuidado, sino siendo ejemplos de la grey.

La voluntad de Dios nunca ha sido que el ministro sea tu señor, sino un ejemplo para ti, para que te sirva y te ministre la Palabra de Dios.

En 2 de Corintios 1:24 el Apóstol Pablo escribió, **No que nos enseñoreemos de vuestra fe...** Algunas personas se han equivocado al tratar de ejercer autoridad sobre la fe de otros. Esa no es la responsabilidad del ministro. La responsabilidad del ministro es sólo preparar y enseñar la Palabra de Dios al Cuerpo de Cristo. Una vez hecho esto, su responsabilidad es recibir la Palabra y actuar de acuerdo a la misma.

4
Los Líderes

El lider espiritual desempeña un cargo sumamente delicado ya que tiene tanta autoridad como responsabilidad dentro del Cuerpo de Cristo. Si el lider no dirige de manera adecuada, puede ocasionar confusión a la obra de Dios en la tierra. Pero el Cuerpo de Cristo en general es responsable de analizar la calidad de sus líderes y decidir si los acepta o los rechaza.

Y los profetas profetizaron mentira, y los sacerdotes dirigían por manos de ellos; y mi pueblo así lo quiso. ¿Qué, pues, haréis cuando llege el fin?
Jeremías 5:31

Hay ocasiones en que los líderes se aprovechan de su posición y utilizan su autoridad de manera errónea. Esto no es sólo la culpa de los líderes, sino también de quienes los siguen. Si aceptamos a un lider a pesar de su mal proceder, estamos disculpando su error. Cada miembro del Cuerpo de Cristo es responsable de juzgar si lo que proviene de los líderes es de Dios o no.

Muchos pastores han destruído mi viña, hollaron mi heredad, convirtieron en desierto y soledad mi heredad preciosa. Fue puesta en asolamiento y lloró sobre mí desolada; fue asolada la tierra porque no hubo hombre que reflexionase.
Jeremías 12:10,11

Muchos suben y caen con sus líderes. Todo lo que hace el lider se refleja en aquellos que están bajo su autoridad. Por esa razón, debemos examinar cuidadosamente a nuestros líderes, quienes son, qué hacen, y cómo lo hacen.

Un lider que opera en temor seguro teme que se conozcan sus obras, mientras que el que opera en fe y amor, no tendrá temor.

Y sucederá así como al pueblo, también al sacerdote; como al siervo, así a su amo; como a la criada, a su ama; como al que compra, al que vende; como al que presta, al que toma prestado; como al que da a logro, así al que lo recibe.

Isaías 24:2

Lo más importante en esta escritura es que todos somos responsables. Unos son líderes y otros seguidores pero no siempre podemos echarle la culpa de los errores al lider, porque si está obrando mal y sus ovejas lo saben, ellas también tienen la responsabilidad de hacer algo al respecto. Mientras que continuen bajo su autoridad a sabiendas del error, deben aceptar parte de la culpa.

Muchos incidentes atroces han ocurrido como el de Jim Jones en Guyana, Sud América, donde cientos de personas perecieron bajo su mando. Nos imaginamos que hombre tan terrible fue Jim Jones que llevó cientos de personas a la muerte, pero sin embargo ¡no pensamos que Jim Jones no hubiera podido cometer esta atrocidad si sus seguidores no se hubieran dejado guiar por él!

Las ovejas tienen la responsabilidad de seguir lo bueno.

Dios exige diligencia a Su pueblo. En 2 de Timoteo 2:15 el Apóstol Pablo escribió; **Procura con diligencia presentarte a Dios aprobado, como obrero que no tiene de qué avergonzarse, que usa bien la palabra de verdad.** No te conformes con aceptar a cualquier persona. Observa bien a tus líderes espirituales. Examina sus palabras y sus obras. Aunque no podemos juzgar sus corazones, sí debemos escuchar sus palabras y determinar si están de acuerdo con la Palabra de Dios.

El liderazgo conlleva responsabilidad. En 2 de Timoteo 2:6 Pablo dijo, **El labrador, para participar de los frutos,**

Liderazgo

debe trabajar primero. En otras palabras, la persona que ocupa un lugar de liderazgo debe poner en práctica lo que dice. No está bien decir, "Haz lo que digo, pero no lo que hago". Si no le conveniene al lider, tampoco le conviene a sus discípulos.

Hace tiempo el Señor me instruyó como pastor a ser ejemplo para mi rebaño y me dijo, "Cada vez que se presente un proyecto que requiera dinero, tú debes ofrendar el primer diez por ciento, no importa la cantidad". Al poco tiempo, tuvimos una conferencia misionera para la cual necesitabamos $45,000, y el diez por ciento de $45,000 ¡es una cantidad de dinero substancial! Yo decidí redondear la cantidad a $5,000. En aquel momento me hacían falta los $5,000 para mí personalmente, cuanto más para donarlos a México en sesenta días. Para mí fue un paso grandísimo de fe, pero mi confianza estaba en la Palabra de Dios.

Con la misma me puse de pie y pronuncié estas palabras con denuedo, "Yo daré los primeros $5,000 en sesenta días". Yo sabía que la gente me seguiría confiada si yo los guiaba sabiamente. Mi cabeza decía; "¡Buddy, en que tremendo problema te has metido!" Pero mi espíritu estaba confiado en Dios.

Seis días después me encontraba fuera de la ciudad en una conferencia cuando llamó por teléfono mi secretaria diciendo: "No pude esperar a que regresara para contarle: ¡Ha llegado una carta en el correo hoy con un cheque de $3,000 para usted personalmente!"

"¡Gloria a Dios! ¡Esa cantidad representaba tres quintas partes del dinero para la misión!" El resto llegó a tiempo.

Dios actua y apoya Su Palabra. Si yo no hubiera obedecido la guía que Dios me dio, esto no hubiera funcionado ni tenido éxito. Pero yo tuve que tomar la delantera.

Cada uno de ustedes pueden subir o caer con sus líderes. Por eso algunas personas sólo crecen hasta cierto punto y algunas iglesias no crecen nada: Sus líderes no han superado cierto nivel, y ellos tampoco. La iglesia sólo puede llegar a donde llegan los líderes.

Envía tú hombres que reconozcan la tierra de Canáan...

Y Moisés los envió desde el desierto de Paran, conforme a la palabra de Jehová; y todos aquellos varones eran príncipes de los hijos de Israel.

Números 13:1-3

Moisés envió doce hombres a reconocer la Tierra Prometida. Estos hombres eran príncipes de los hijos de Israel. Es decir, eran los líderes, los hombres responsables en posiciones de autoridad, un liderazgo seleccionado por Dios.

Y anduvieron y vinieron a Moisés... Y les contaron, diciendo: Nosotros llegamos a la tierra a la cual nos enviaste, la que ciertamente fluye leche y miel; y este es el fruto de ella. Mas el pueblo que habita aquella tierra es fuerte, y las ciudades muy grandes y fortificadas...

Entonces Caleb hizo callar al pueblo delante de Moisés, y dijo: Subamos luego, y tomemos posesión de ella; porque más podremos nosotros que ellos.

Mas los varones que subieron con él, dijeron: No podremos subir contra aquel pueblo, porque es más fuerte que nosotros.

Y hablaron mal entre los hijos de Israel, de la tierra que habían reconocido.

Números 13:26-32

En este pasaje de la Biblia hay un elemento muy importante. Tus líderes pueden llevarte a tu Tierra Prometida en un corto tiempo, o pueden tenerte dando vueltas durante cuarenta años. Esto fue lo que les ocurrió a los hijos de Israel. Cualquier persona en buenas condiciones físicas hubiera podido entrar en la Tierra

Liderazgo

Prometida en seis días; sin embargo, ellos anduvieron dando vueltas en el desierto por cuarenta años. No podían ir más allá de la fe y capacidad de sus líderes.

¿A dónde te están guiando tus líderes? ¿Qué dirección lleva tu vida? ¿Estás llegando rápidamente, o te estás demorando una eternidad? ¿Estás tu en el desierto?

Como resultado de la autoridad de los líderes de Israel, tres millones y medio de personas dieron vueltas en el desierto durante cuarenta años. Esto nos debe enseñar una cosa, a tener cuidado a quien seguimos.

Todos los que vieron mi gloria y mis señales que he hecho en Egipto y en el desierto, y me han tentado ya diez veces, y no han oído mi voz;

no verán la tierra de la cual juré a sus padres; no, ninguno de los que me han irritado la verá.

Números 14:22,23

Tus líderes pueden impedirte el caminar en la plenitud de lo que Dios te ha prometido. El liderazgo es algo crítico; no podemos tomarlo a la ligera. Cada vez que yo comparto la Palabra de Dios, no lo hago sólo desde el punto de vista de líder, sino de los que me siguen. Pero las ovejas deben compartir la responsabilidad al igual que los líderes. Tú tienes la misma responsabilidad porque Jesús te ha hecho libre. ¡Tú vives en libertad!

Las Cualidades de un Lider

Cualquier hombre que tiene capacidad para apartarte de los caminos de Dios, sin duda te puede hacer mucho daño. Tú necesitas examinar y determinar si tu lider es bueno o malo. Existen cualidades que determinan lo correcto y lo incorrecto.

Dios ha incluído ciertas regulaciones en Su Palabra que nos ayudan a determinar si estamos siguiendo al lider de manera apropiada. Cuidado con el hombre que busca autoridad, ese te hará daño; pero ayuda al hombre que busca responsabilidad, ese te va a bendecir. La actitud de una persona en busca de poder y autoridad lo llevará a problemas, mientras que la actitud de uno en busca de responsabilidad lo guiará por sendas justas. La escritura lo apoya en Filipenses 2:19-22.

> **Espero en el Señor Jesús enviaros pronto a Timoteo, para que yo también esté de buen ánimo al saber de vuestro estado.**
>
> **pues a ninguno tengo del mismo ánimo, y que tan sinceramente se interese por vosotros.**
>
> **Porque todos buscan lo suyo propio, no lo que es de Cristo Jesús.**

Estas frases de Pablo tienen una importancia vital. Timoteo y Pablo se habían presentado en servicio al pueblo como ministros del Evangelio. Timoteo tenía los mismos objetivos que Pablo; servir al pueblo, bendecirlos, ayudarlos y asistirlos. Sin embargo, Pablo no contaba con nadie como Timoteo. Timoteo buscaba responsabilidad, no autoridad ni poder. Los otros tenían un motivo diferente.

Las motivaciones son muy importantes. Una persona puede hacer algo bueno con una mala intención, pero el resultado será siempre malo. Observa la intención que motiva a tus líderes.

La actitud del pastor debe ser apacentar al rebaño. Cito nuevamente 1 de Pedro 5:2:

> **Apacentád la grey de Dios que está entre vosotros, cuidando de ella, no por fuerza, sino voluntariamente; no por ganancia deshonesta, sino con ánimo pronto.**

Esta escritura se refiere a nuestra actitud pues dice: **Apacentad la grey... no por fuerza, sino voluntariamente...** ¿De qué otra forma se puede apacentar?.... por ganancia deshonesta (dinero..) Si el propósito del pastor es obtener dinero, su intención es deshonesta. El pastor debe pastorear

Liderazgo

con **ánimo pronto** y estar dispuesto a realizar su trabajo según la Palabra de Dios.

El próximo verso dice, **No como teniendo señorío sobre los que están a vuestro cuidado, sino siendo ejemplos de la grey** (vs 3). ¿De quién es la heredad? Pedro se refiere a la heredad de Dios. Muchos han ocupado su posición en el Cuerpo de Cristo como apóstoles, profetas, evangelistas, pastores, o maestros tratando de dominar al pueblo de Dios. Eso no es correcto. **Y cuando aparezca el Príncipe de los pastores, vosotros recibiréis la corona incorruptible de gloria.** (vs 4) Jesús es el Príncipe de los pastores y nosotros en el ministerio debemos estar sujetos a El. Pero esto no significa que estamos aquí para gobernar, dominar y tratar con la gente duramente. Debemos asegurarnos que nuestra intención es la correcta.

En la Tercera Epístola de Juan aparece la ilustración de un hombre que buscaba autoridad sin responsabilidad. El verso 9 dice: **Yo he escrito a la iglesia, pero Diótrefes, al cual le gusta tener el primer lugar entre ellos, no nos recibe.** Observen que la palabra **primer lugar** o **prominencia** quiere decir autoridad o gobierno. Diótrefes no quiso recibir a Juan. ¿Dónde estaba su amor?

En el verso 10 Juan escribe: **Por esta causa, si yo fuere, recordaré las obras que hace parloteando con palabras malignas contra nosotros; y no contento con estas cosas, no recibe a los hermanos, y a los que quieren recibirlos se lo prohibe, y los expulsa de la iglesia.** Cada vez que encuentres a una persona que diga: "Nosotros somos un grupo selecto y no recibimos a ciertas personas" ¡ten cuidado! Todos merecen ser bienvenidos. ¡Somos parte del Cuerpo de Cristo por **nacimiento** no por **votación**!

Siempre recordemos que Dios no sólo ama al creyente, sino ¡al mundo entero! ¿Quiere eso decir que Dios ama al homosexual, al borracho, a la prostituta, y al drogadicto?

¡Claro que sí! Pero el amor no disculpa lo que hace una persona, sino que se acerca a ella y gratuitamente le ofrece la Palabra de Dios.

Acaso Juan dijo, "Vamos y amemos a los hermanos y nada más? Leamos el verso 11: **Amado, no imites lo malo, sino lo bueno.** Si tus líderes te están llevando a lo malo, debes tener inteligencia espiritual para no seguirlos. **No imites lo malo, sino lo bueno. El que hace lo bueno, es de Dios; pero el que hace lo malo, no ha visto a Dios.**

Sin embargo, en el versículo 12 encontramos un hombre que busca responsabilidad: **Todos dan testimonio de Demetrio, y aun la verdad misma: y también nosotros damos testimonio, y vosotros sabéis que nuestro testimonio es verdadero.** Este hombre es honesto, no anda en busca de la preeminencia de la autoridad.

Juan nos explica claramente que no debemos seguir a los que andan por malos caminos, sino a los que nos guían correctamente. Debemos bendecir a los líderes que apacientan la grey y apartarnos de los hombres que despojan al rebaño.

Dios dijo: **Y os daré pastores según mi corazón, que os apacienten con ciencia y con inteligencia** (Jer. 3:15). El corazón mismo de Dios consiste en querer apacentar al rebaño. Los pastores han sido llamados a apacentar la grey con ciencia e inteligencia. Si no estás recibiendo ciencia e inteligencia de parte de tus líderes espirituales, entonces ellos no están cumpliendo su obligación de guiarte adecuadamente.

> **Y yo mismo recogeré el remanente de mis ovejas de todas las tierras adonde las eché, y las haré volver a sus moradas; y crecerán y se multiplicarán.**
>
> **Y pondré sobre ellas pastores que las apacienten; y no temerán más, ni se amedrentarán, ni serán menoscabadas, dice Jehová.**
>
> **Jeremías 23:3,4**

Liderazgo

Cuando eres alimentado con la Palabra de Dios, se producen ciertos resultados y frutos en tu vida. No habrá más temor, o carencia. He aquí como juzgar a tus líderes. No que juzges al lider, sino el alimento que él te da.

Ezequiel 34:23,24 se refiere a Jesús de forma profética:

> Y levantaré sobre ellas a un pastor, y él las apacentará; a mi siervo David, él las apacentará; y él les será por pastor. Yo Jehová les seré por Dios, y mi siervo David príncipe en medio de ellos. Yo Jehová he hablado.

Los líderes tienen la obligación divina de apacentar las ovejas. El capítulo 34 de Ezequiel comienza con estas palabras:

> Vino a mi palabra de Jehová diciendo: Hijo de hombre, profetiza contra los pastores de Israel; profetiza, y dí a los pastores: Así ha dicho Jehová el Señor: ¡Ay de los pastores de Israel, que se apacientan a sí mismos! ¿No apacientan los pastores a los rebaños? **Coméis la grosura, y os vestís de la lana, la engordada degolláis, mas no apacentáis a las ovejas.** (vs 1-3)

El pastor que no alimenta al rebaño no agrada a Dios. Pero tu responsabilidad no es tratar de mantener al lider en la voluntad de Dios; esa es la labor de la Palabra.

Miremos otra vez el verso 3. **Coméis la grosura, y os vestís de la lana.** Es decir, o apacientas las ovejas por amor al Señor, o despojas al rebaño. ¡Los pastores aquí mencionados despojaban sus ovejas! ¿De dónde sacaban la lana? Estos pastores robaban al rebaño de lo que les pertenecía.

El pastor tiene la obligación de apacentar su grey, no de apacentarse a sí mismo. La ley espiritual declara que cuando el pastor apacienta las ovejas, él será también apacentado; por lo tanto, no lo hagan por dinero, Dios suplirá sus necesidades. Cuando operamos en la ley de acción y reacción obtenemos los resultados deseados.

> Que edificáis a Sión con sangre, y a Jerusalén con injusticia.
>
> Sus jefes juzgan por cohecho, y sus sacerdotes enseñan por precio, y sus profetas adivinan por dinero; y se apoyan en Jehová, diciendo: ¿No está Jehová entre nosotros? No vendrá mal sobre nosotros.
>
> Miqueas 3:10,11

Esos hombres, los que ejercían liderazgo tenían un propósito equivocado, una mala intención. Los ministros caen porque tienen malas intenciones y porque les entra hambre de poder y dinero. Son más los que caen por estas razones fundamentales que por ninguna otra razón.

Pero Dios tiene una solución mejor. El no pretende que el dinero sea nuestra motivación, ni que guiemos al pueblo por dinero. Nuestro deber es ser bendición al Cuerpo de Cristo.

> He aquí que Jehová el Señor vendrá con poder, y su brazo señoreará; he aquí que su recompensa viene con él, y su paga delante de su rostro.
>
> Como pastor apacentará su rebaño; en su brazo llevará los corderos, y en su seno los llevará; pastoreará suavemente a las recién paridas.
>
> Isaías 40:10,11

Los que ocupan puestos de liderazgo y responsabilidad deben actuar suavemente. Muchas veces los líderes son bruscos y gritan en vez de hablar. Como dijo Teddy Roosevelt: "Camina suavemente, pero con un palo grande". En otras palabras, puedes ser suave y a la vez hablar de manera que todos reconozcan tu autoridad. Tenemos que cuidar nuestra actitud.

Hay quienes piensan que un hombre no puede ser suave. Desempeñan sus labores bajo la impresión errada de que un hombre tiene que manejar sus asuntos como un general. Yo comprendo bien el factor disciplina, pero las enseñanzas de la Biblia dan mejores resultados. Hazlo a la

Liderazgo

manera de Dios: suavemente. Un fruto del Espíritu mencionado en Gálatas, capítulo 5, es la benignidad. Si deseas que se manifieste el fruto del Espíritu en tu vida, debes hacer ciertas cosas con benignidad.

Jesús se condujo de forma benigna. El tomó a los niños en Sus brazos, los amó y les ministró. Jesús era un hombre suave, pero era todo un hombre. Muchas personas miran el lado amoroso de Jesús y le restan hombría. Pero si Jesús no era varonil, ¿cómo entonces echó fuera a los cambistas del templo?

¿Y David qué? El se refirió al Señor en los Salmos con estas palabras... **tu benignidad me ha engrandecido** (Salmo 18:35). He aquí un hombre que peleó y derrotó a Goliat el gigante. El Rey Saul ganó muchas batallas, pero David ganó diez miles... **Saul hirió a sus miles, y David a sus diez miles.** David hirió a muchos, no obstante ser un hombre suave y benigno.

No confundamos la benignidad con la debilidad porque son dos cosas completamente distintas. La benignidad exalta las personas. No simpatiza con ellas sino las ayuda.

Ay de los pastores que destruyen y dispersan las ovejas de mi rebaño, dice Jehová.

Por tanto, así ha dicho Jehová Dios de Israel a los pastores que apacientan mi pueblo; Vosotros dispersasteis mis ovejas, y las espantasteis, y no las habéis cuidado. He aquí yo castigo la maldad de vuestras obras, dice Jehová.

Y yo mismo recogeré el remanente de mis ovejas de todas las tierras adonde las eché, y las haré volver a sus moradas; y crecerán y se multiplicarán.

Jeremías 23:1-3

Benditos los que recogen las ovejas. Tengan cuidado con los que dispersan el rebaño. Si el rebaño está dispersado, algo anda mal. El hombre que ama a Dios y ocupa cargo de responsabilidad, reune las ovejas en vez de dispersalas. Hay una gran diferencia entre el hombre que dice del rebaño: "Son de Dios", y el hombre que dice, "Son mías". El Salmo 100:3 dice: **Reconoced que Jehová es Dios, él nos hizo y no nosotros a nosotros mismos; pueblo suyo somos y ovejas de su prado.** En el Nuevo Testamento leemos en Primera de Corintios 6:19,20: **no sóis de vuestros... habéis sido comprados por sangre.**

El dueño es el que paga el precio, y Dios pagó por sus ovejas. Por lo tanto, le pertenecemos a El. La posición del pastor es la de uno sujeto al Gran Pastor. El pastor está para alimentar, cuidar y bendecir sus vidas con ternura. Dios ha instituído a los pastores de manera que cuiden Su rebaño con ternura. El pastor que dispersa al rebaño actúa erroneamente.

Jehová es mi pastor; nada me faltará (Salmo 23:1). El Señor es mi Pastor. Volvamos a referirnos a las palabras de Ezequiel:

> **Y levantaré sobre ellas a un pastor, y él las apacentará; a mi siervo David, él las apacentará; y él les será por pastor.**
>
> **Yo Jehová les seré por Dios, y mi siervo David príncipe en medio de ellos. Yo Jehová he hablado.**
>
> **Y sabrán que yo Jehová su Dios estoy con ellos, y ellos son mi pueblo, la casa de Israel, dice Jehová el Señor.**
>
> **Y vosotras, ovejas mías, ovejas de mi pasto, hombres sois, y yo vuestro Dios, dice Jehová el Señor.**
> Ezequiel 34: 23,24,30,31

Las ovejas le pertenecen a Dios. No importa cual sea el pasto, el rebaño sigue siendo de Dios. Durante siglos los hombres han discutido este asunto. El Apóstol Pablo escribió a la iglesia en Corinto:

> **Porque aún sois carnales; pues habiendo entre vosotros celos, contiendas y disensiones, ¿no sois carnales, y andáis como hombres?**

Porque diciendo el uno: Yo ciertamente soy de Pablo; y el otro: Yo soy de Apolos, ¿no sois carnales?
1 Corintios 3:3,4

Mientras que continuaban estos argumentos y debates en el Cuerpo de Cristo, hubo quienes con sentido común dijeron, "Yo soy de Cristo". Hoy en día necesitamos esa misma inteligencia.

En el libro de Jueces, capítulo 8, después que Gedeón ganó la batalla, se le acercó el pueblo. En los versos 22 y 23 leemos:

Y los israelitas dijeron a Gedeón: Sé nuestro señor, tú, y tu hijo, y tu nieto; pues que nos has librado de mano de Madián.

Mas Gedeón respondió: No seré señor sobre vosotros, ni mi hijo os señoreará: Jehová señoreará sobre vosotros.

Como hijo de Dios sabrás conocer Su voz.

Debes escuchar la voz de tu pastor siempre que te enseñe la Palabra de Dios. Pablo dijo, síganme a mí, así como yo sigo a Cristo (I Cor. 11:1). Sé muy precavido en cuanto a quién sigues y qué oyes.

5
¿Obediencia o Sumisión?

Volvamos a leer la carta de Pablo a la iglesia en Roma:

Sométase toda persona a las autoridades superiores; porque no hay autoridad sino de parte de Dios, y las que hay, por Dios han sido establecidas.

De modo que quien se opone a la autoridad, a lo establecido por Dios resiste; y los que resisten, acarrean condenación para sí mismos.

Porque los magistrados no están para infundir temor al que hace el bien, sino al malo. ¿Quieres, pues, no temer la autoridad? Haz lo bueno, y tendrás alabanza de ella;

Romanos 13:1-3

Hagamos incapié en el verso 3. Lo bueno es de Dios y lo malo no es de Dios. He aquí la clave de la sumisión. Dios no impone Su voluntad sobre nadie, por lo tanto, ningún hombre tiene derecho de imponer la suya. La sumisión tiene sus condiciones y cuando esta produce algo bueno, podemos libremente someternos en amor.

Notemos la frase en el verso 3, **Porque los magistrados (gobernantes, líderes) no están para infundir temor al que hace el bien, sino al malo.** La palabra temor (terror en inglés) se refiere al miedo. Todo lo que produce terror o temor no es de Dios. **Porque Dios no nos ha dado espíritu de temor, sino de poder, amor y dominio propio** (II Timoteo 1:7).

La Biblia dice que todo don perfecto y toda buena dádiva viene de arriba (Santiago 1:17). Casi siempre vemos esta escritura a la luz de asuntos espirituales; pero debemos aplicarla también al mundo natural, concerniente a cosas del mundo espiritual y aplicarla además al área política. Sigue siempre al hombre que da buenos frutos. Si sus obras producen malos frutos, o sea, si matan, roban o destruyen, el hombre no es de Dios. Satanás es sinónimo del mal. Dios es sinónimo del bien.

Antes de tomar una decisión, pregúntate, "¿producirá esto algo bueno en mi vida, en mi familia, para los míos?"

Si el someterte require muerte, entonces no te sometas porque no es de Dios. "¿Pero no debemos estar dispuestos a entregar nuestra vida a Dios?", nos preguntamos. Recuerda que la Palabra de Dios enseña a renunciar a la vida vieja y entregar tu vida presente al Señor. Pero si se trata de morir, entonces no es de Dios. Debemos vivir al máximo pues Dios quiere que reinemos en la tierra; por lo tanto, no hay por qué morir.

La sumisión y la obediencia no son una misma cosa. La obediencia es acción; la sumisión es una actitud del corazón.

La Palabra de Dios dice que debemos someternos unos a otros en amor (Efesios 5:21). Esto no significa que debemos obedecer todo lo que nos dicen. No tenemos que someternos a ciertas personas simplemente porque son ancianas. Debemos seguir un poder y una autoridad superior.

La sumisión no es una obediencia sin reserva. Es necesario hacer preguntas. A veces es necesario consultarlo con tu espíritu, o sea, tu conciencia. Necesitas reconocer el nivel de autoridad suprema. Si violas tu corazón, estarás violando los principios de Dios. La sumisión no consiste en responder ciegamente a cualquier órden.

La sumisión es más bien nuestro deseo de seguir al lider, siempre y cuando no viole la Palabra de Dios. Tú debes seguir a tu lider siempre que él siga a Dios. Si él se aparta de Dios, tú debes continuar caminando con Dios.

¿Obediencia o Sumisión?

Veamos algunas ilustraciones en la Palabra de Dios que enfatizan esta verdad. En el libro de Daniel, capítulo 3, el Rey Nabucodonosor establece un decreto según el cual todo el pueblo tenía que adorar una estatua de oro hecha por él. El le da instrucciones al pueblo de que al oír el sonido de instrumentos musicales y cánticos, deben postrarse y adorar a la estatua. Por eso, los tres jóvenes hebreos que se negaron a adorar a este dios pagano, fueron llevados delante del rey.

Habló Nabucodonosor y les dijo; ¿Es verdad, Sacrac, Mesac y Abednego, que vosotros no honráis a mi dios, ni adoráis la estatua de oro que he levantado?

... Porque si no la adoraréis, en la misma hora seréis echados en medio de un horno de fuego ardiendo: ¿Y qué dios será aquel que os libre de mis manos?

Sadrac, Mesac y Abednego respondieron al rey Nabucodonosor, diciendo: No es necesario que te respondamos sobre este asunto.

He aquí nuestro Dios a quien servimos puede librarnos del horno de fuego ardiendo; y de tu mano, oh rey, nos librará.

Y si no, sepas, oh rey, que no serviremos a tus dioses, ni tampoco adoraremos la estatua que has levantado.
Daniel 3:14-18

La orden del rey a todo el mundo de adorar este dios era una violación a los principios de la Palabra de Dios. Estos tres hombres tuvieron que tomar un decisión; o se sometían al decreto del rey y adoptaban una posición totalmente contraria a la Palabra de Dios, o iban delante del rey, renuentes a adorar. La actitud de Sadrac, Mesan y Abednego no era una actitud de rebelión pues estaban dispuestos a obedecer y servir a Nabucodonosor como rey, pero no a someterse a adorar a su dios. Al tomar esta decisión, ellos sabían que les podía costar la vida, sin embargo, ellos ni siquiera consideraron otra alternativa.

> **Entonces Nabucodonosor se llenó de ira, y se demudó el aspecto de su rostro contra Sadrac, Mesac y Abednego, y ordenó que el horno se calentase siete veces más de lo acostumbrado.**
>
> **Y mandó a hombres muy vigorosos que tenía en su ejército, que atasen a Sadrac, Mesac y Abednego, para echarlos en el horno de fuego ardiendo.**
>
> **Y estos tres varones, Sadrac, Mesac y Abednego cayeron atados dentro del horno de fuego ardiendo.**
>
> Daniel 3:19-23

Entonces Nabucodonosor miró en el fuego y dijo:

> ¿No echaron a tres varones atados dentro del fuego? ... He aquí yo veo cuatro varones sueltos, que se pasean en medio del fuego sin sufrir ningún daño; y el aspecto del cuarto es semejante al hijo de los dioses.
>
> Daniel 3:24,25

Estos tres hombres hebreos escogieron servir a Dios en lugar de adorar a un ídolo. ¡Y como resultado Jesús los liberó! ¡El cuarto hombre que el rey vió en el fuego era Jesús!

Cuando obedecemos a Dios y su palabra, El nos liberará. No importa que tan crítica sea la situación en la que se encuentre, Dios lo **liberará**.

> **Hablando ellos al pueblo, vinieron sobre ellos los sacerdotes con el jefe de la guardia del templo, y los saduceos,**
>
> resentidos de que eseñasen al pueblo, y anunciasen en Jesús la resurrección de entre los muertos.
>
> **Y les echaron mano, y los pusieron en la cárcel hasta el día siguiente, porque era ya tarde.**
>
> Hechos 4:1-3

Por causa del Evangelio estos tres discípulos fueron echados al fuego. Al día siguiente los llevaron delante del sumo sacerdote y los ancianos.

¿Obediencia o Sumisión?

Y llamándolos, les intimaron que en ninguna manera hablasen ni enseñasen en el nombre de Jesús.

Mas Pedro y Juan respondieron diciéndoles: Juzgad si es justo delante de Dios obedecer a vosotros antes que a Dios; porque no podemos dejar de decir lo que hemos visto y oído.

Ellos entonces les amenazaron y los soltaron, no hallando ningún modo de castigarles, por causa del pueblo; porque todos glorificaban a Dios por lo que se había hecho.

Hechos 4:18-21

Los ancianos amenazaron a los discípulos y les advirtieron que no volviesen a hablar otra vez en el nombre de Jesús, pero los discípulos no les tenían miedo:

Y puestos en libertad, vinieron a los suyos y contaron todo lo que los principales sacerdotes y los ancianos les habían dicho.

Y ellos, habiéndolo oído, alzaron unánimes la voz a Dios... Señor, mira sus amenazas, y concede a tus siervos que con todo denuedo hablen tu palabra.

Mientras extiendes tu mano para que se hagan sanidades y señales y prodigios mediante el nombre de tu santo Hijo Jesús.

Hechos 4:23-30

En la cárcel los tuvieron sólo un día; y regresaron a predicar el Evangelio, a pesar de las órdenes de los sacerdotes. Aquellos hombres con autoridad les dijeron que podían hacer cualquier cosa menos enseñar o usar el nombre de Jesús. Pero había una autoridad superior a la de estos sacerdotes y ancianos, la autoridad superior de Jesús.

Id por todo el mundo y predicad el evangelio a toda criatura.

El que creyere y fuere bautizado, será salvo; mas el que no creyere, será condenado.

Y estas señales seguirán a los que creyeren: En mi nombre echarán fuera demonios; hablarán en nuevas lenguas;

tomarán en las manos serpientes, y si bebieren cosa mortífera, no les hará daño; sobre los enfermos pondrán sus manos, y sanarán.

Marcos 16: 15-18

Y por la mano de los apóstoles se hacían muchas señales y prodigios en el pueblo...

Tanto que sacaban los enfermos a las calles, y los ponían en camas y lechos, para que al pasar Pedro, a lo menos su sombra cayese sobre alguno de ellos.

Y aun de las ciudades vecinas muchos venían a Jerusalén, trayendo enfermos y atormentados de espíritus inmundos; y todos eran sanados.

Entonces levantándose el sumo sacerdote y todos los que estaban con él, esto es, la secta de los saduceos, se llenaron de celos; y echaron mano de los apóstoles y los pusieron en la cárcel pública.

Mas un ángel del Señor, abriendo de noche las puertas de la cárcel y sacándolos, dijo:

Id, y puestos en pie en el templo, anunciad al pueblo todas las palabras de esta vida.

Hechos 5:12-20

El ángel es un representante de Dios. Sus palabras tienen la misma autoridad que la Palabra de Dios. El mensajero de Dios fue quien instruyó a los apóstoles que predicaran el Evangelio, a pesar de las órdenes de los sacerdotes principales, y la autoridad superior fue la que prevaleció. El ángel les dijo que fueran al templo y predicaran y a la mañana siguiente ellos entraron en el templo y predicaron.

...Entre tanto, vinieron el sumo sacerdote y los que estaban con él convocaron al concilio y a todos los ancianos de los hijos de Israel y enviaron a la cárcel para que fuesen traídos.

Pero cuando llegaron los alguaciles, no los hallaron en la cárcel; entonces volvieron y dieron aviso, diciendo:

¿Obediencia o Sumisión?

Por cierto, la cárcel hemos hallado cerrada con toda seguridad, y los guardas afuera de pie ante las puertas; mas cuando abrimos, a nadie hallamos dentro...

Pero viniendo uno, les dio esta noticia: He aquí, los varones que pusisteis en la cárcel están en el templo, y enseñan al pueblo.

Entonces fue el jefe de la guardia con los alguaciles y los trajo... y cuando los trajeron, los presentaron en el concilio, y el sumo sacerdote les preguntó, diciendo: ¿No os mandamos estrictamente que no enseñaseis en ese nombre? Y ahora habéis llenado a Jerusalén de vuestra doctrina, y queréis echar sobre nosotros la sangre de ese hombre.

Respondiendo Pedro y los apóstoles, dijeron: Es necesario obedecer a Dios antes que a los hombres.

Hechos 5:21-29

La obediencia a Dios como autoridad suprema es un principio Bíblico. Por lo tanto le corresponde la obediencia y sumisión al hombre de Dios siempre que éste obedezca a Dios.

En el Libro de Josué, capítulo 2, la escritura describe la manera como la ramera Rahab recibió honra por ofrecer ayuda a los espías de Israel. Rahab decidió creer la Palabra de Dios aunque tuvo que violar las leyes de la nación y someterse a una autoridad suprema. Ella escondió a los espías de los hombres del rey y luego colgó un cordón de grana a la ventana dejando escapar a los israelitas. El cordón de grana es significativo porque el color rojo representa la sangre de Cristo, a través de la cual tenemos redención. A través de ella obtenemos escape, liberación y protección.

Dijo Jehová a Samuel: ¿Hasta cuándo llorarás a Saúl, habiéndolo yo desechado para que no reine sobre Israel? Llena tu cuerno de aceite, y ven, te enviaré a Isaí de Belén, porque de sus hijos me he provisto de rey.

Y dijo Samuel: ¿Cómo iré? Si Saúl lo supiera me mataría.

1 Samuel 16:1,2

Para Dios Saúl ya no era el rey de Israel, por eso ordenó a Samuel que vaya a ungir al joven pastor como Rey, a David. ¡Saúl era todavía rey! ¿Se pueden imaginar el dilema de Samuel? Dios le había dado una orden, mas el hombre carnal no quería obedecer. Si él ungía a David y Saúl se enteraba, lo mandaría a matar.

¿Cuál autoridad era mayor para Samuel? No tenía otra alternativa. La autoridad de Dios era suprema y Samuel lo sabía. Su deber era actuar de acuerdo a las instrucciones de Dios y hacerlo por fe sin mirar las circunstancias. Pero Dios proporcionó a Samuel una forma para que él pudiera obedecerlo sin arriesgar su vida. **Jehová respondió, toma contigo una becerra y dí: A ofrecer sacrificio a Jehová he venido.**

En Primera de Samuel, capítulo 19, encontramos que Jonatán, el hijo de Saúl, estaba en el mismo dilema: **Habló Saúl a Jonatán su hijo, y a todos sus siervos, para que matasen a David.** (vs 1)

Esto es un problema doble porque Jonatán no es sólo hijo de Saúl, sino el mejor amigo de David. Su padre le ordenó matar a su mejor amigo. ¿Qué podía él hacer? Algunos opinan que a pesar de la mala intención de esta orden, Jonatán debió obedecer a su padre.

La única manera de decidir es establecer quién tiene mayor autoridad. ¿Es el resultado de esta orden bueno o malo? Jonatán tenía una orden de su padre, pero la ley de Dios dice que no podemos quitarle la vida a otro hombre. ¿Cúal ley es superior? La respuesta es fácil, la que produce el bien.

La autoridad opera correctamente cuando le damos un enfoque apropiado; por ejemplo, nosotros tenemos autoridad sobre nuestros hijos pero no para hacerles daño.

Si tú sigues a un lider que hace maldad en su vida, no le sigas. Dios no exige que te sometas a personas que te

¿Obediencia o Sumisión?

destruyen, porque aunque tienen autoridad en esta vida, existe una autoridad superior. Miremos el ejemplo de Pablo (entonces conocido como Saulo) en el Nuevo Testamento.

> Pasados muchos días, los judíos resolvieron en consejo matarle;
>
> Pero sus acechanzas llegaron a conocimiento de Saulo. Y ellos guardaban las puertas de día y de noche para matarle.
>
> Entonces los discípulos, tomándole de noche, le bajaron por el muro, descolgándole en una canasta.
>
> Hechos 9:23-25

El pasaje siguiente contiene otro ejemplo de obediencia a una autoridad superior. Pablo y Bernabé obedecieron a Dios en vez de a los líderes judíos.

> Aconteció en Iconio que entraron juntos en la sinagoga de los judíos, y hablaron de tal manera que creyó una gran multitud de judíos, y asimismo de griegos.
>
> Mas los judíos que no creían excitaron y corrompieron los ánimos de los gentiles contra los hermanos.
>
> Por tanto, se detuvieron allí mucho tiempo, hablando con denuedo, confiados en el Señor, el cual daba testimonio a la palabra de su gracia, concediendo que se hiciesen por las manos de ellos señales y prodigios.
>
> Y la gente de la ciudad estaba dividida; unos estaban con los judíos, y otros con los apóstoles.
>
> Pero cuando los judíos y los gentiles, juntamente con sus gobernantes, se lanzaron a afrentarlos y apedrearlos, habiéndolo sabido, huyeron a Listra y Derbe, ciudades de Licaonia, y a toda la región circunvecina.
>
> Y allí predicaban el evangelio.
>
> Hechos 14: 1-7

Estos líderes judíos estaban produciendo maldad. La clave es saber seguir lo bueno.

> **Entonces los judíos que no creían, teniendo celos, tomaron consigo a algunos ociosos, hombres malos, y juntando una turba, alborotaron la ciudad; y asaltando la casa de Jasón, procuraban sacarlos al pueblo.**
>
> **Pero no hallándolos, trajeron a Jasón y a algunos hermanos ante las autoridades de la ciudad, gritando: Estos que trastornan el mundo entero también han venido acá.**
>
> **A los cuales Jasón ha recibido; y todos éstos contravienen los decretos de César, diciendo que hay otro rey, Jesús.**
>
> **Hechos 17:5-7**

Aquí encontramos de nuevo el tema de quién tiene mayor autoridad. ¿César o Jesús?

Si desconocemos quien tiene mayor autoridad, nuestra mente carnal quiere obedecer al rey. Nosotros en este país tenemos una alianza con el Presidente y con nuestra nación. Los Estados Unidos es la nación más grande del mundo y nosotros sus ciudadanos debemos servir a nuestra tierra fielmente. Pero si tuvieramos que tomar una decisión entre nuestro país y nuestro Dios, estaríamos seguros a quien obedecer.

Hemos leído de hombres que han hecho frente a confrontaciones y decisiones relacionadas con la autoridad. Pero ahora quisiera hablar sobre algunas mujeres que estuvieron en una situación similar.

> **Y los egipcios hicieron servir a los hijos de Israel con dureza.**
>
> **Y amargaron su vida con dura servidumbre, en hacer barro y ladrillo, y en toda labor del campo y en todo su servicio, al cual los obligaban con rigor.**
>
> **Exodo 1:13,14**

¿Obediencia o Sumisión?

Los egipcios llevaban un control absoluto de Israel en aquel tiempo, y los obligaban a trabajar lo más duro posible. Gobernaban y reinaban sobre los hijos de Israel sin misericordia.

No tiene nada de malo someternos a alguien para trabajar, cuando se hace en amor. Sin embargo, los líderes no deben ser duros y despiadados. Dios no quiere que ninguno de Sus líderes gobierne por la fuerza, con amenaza y terror.

> **Y habló el rey de Egipto a las parteras de las hebreas, una de las cuales se llamaba Sifra, y otra Fúa, y les dijo:**
>
> **Cuando asistáis a las hebreas en sus partos, y veáis el sexo, si es hijo, matadlo; y si es hija, entonces viva.**
>
> **Pero las parteras temieron a Dios, y no hicieron como les mandó el rey de Egipto, sino que preservaron la vida a los niños.**
>
> **Exodo 1:15-17**

Estas parteras hebreas no estaban en rebelión sino que reconocían una ley de mayor autoridad. Así también, nosotros debemos siempre obedecer la Palabra de Dios por encima de **cualquier** otra ley.

> **Y las parteras respondieron a Faraón: Porque las mujeres hebreas no son como las egipcias; pues son robustas, y dan a luz antes que la partera venga a ellas.**
>
> **Y Dios hizo bien a las parteras; y el pueblo se multiplicó y se fortaleció en gran manera.**
>
> **Y por haber las parteras temido a Dios, él prosperó sus familias.**
>
> **Exodo 1:19-21**

La obediencia a Dios tiene recompensa. Aunque parezca muy difícil, siempre vamos a beneficiarnos si obedecemos la autoridad suprema.

6
Un Gobierno Con Libertad

Estad, pues, firmes en la libertad con que Cristo nos hizo libres, y no estéis sujetos al yugo de servidumbre.
Gálatas 5:1

Muchas personas ya nacidas del Espíritu de Dios, y que han recibido la libertad de Jesús, vuelven a la atadura de la esclavitud. Cuando alguien diga que hagas ciertas cosas para conformarte, encuentra esta orden en la Palabra de Dios antes de aceptarlo. A los hermanos de la iglesia de Gálatas les dijeron que tenían que circuncidarse para ser salvos, y por eso el Apóstol Pablo les escribe y con denuedo les dice, **No estéis sujetos al yugo de esclavitud.**

Como Cristianos somos libres en Cristo Jesús. No volvamos al yugo y a la atadura de la Ley. En Juan 8:36 Jesús dijo: **Así que, si el Hijo os libertare, seréis verdaderamente libres.**

¡Eso es todo! Jesús te ha hecho libre. Regresar a la Ley sería cometer adulterio espiritual, al igual que abandonar nuestra relación matrimonial con Cristo para volver a la relación anterior.

Para muchos es fácil volver a la esclavitud. Esto siempre ha ocurrido tanto en lo físico como en lo espiritual. Resulta más fácil ser esclavo que lider.

En el verso 13 de Gálatas 5 Pablo se refiere a la otra parte de este tema:

> **Porque vosotros, hermanos, a libertad fuísteis llamados; solamente que no uséis la libertad como ocasión para la carne, sino servíos por amor los unos a los otros.**

No permitamos que esta libertad nos haga operar en la carne. Cuando algunas personas descubren que son libres, piensan que tienen libertad para hacer lo que quieren, ir donde quieren y cuando quieren. Van saltando de un extremo al otro, de una esclavitud absoluta a un libertinaje "total".

Veamos una parábola que aparece en el noveno capítulo de Jueces:

> **Fueron una vez los árboles a elegir rey sobre sí, y dijeron al olivo: Reina sobre nosotros.**
>
> **Mas el olivo respondió: ¿He de dejar mi aceite, con el cual en mí se honra a Dios, y a los hombres, para ir a ser grande sobre los árboles?**
>
> **Jueces 9:8,9**

El olivo da aceituna y la aceituna produce un aceite especial que se utiliza para ungir. Cuando los árboles le dicen al olivo, "Ven y reina sobre nosotros", el olivo les responde, "¿He de dejar mi aceite? ¿Dejaré de producir para gobernarlos a ustedes?

La ley divina de Dios establece que cuando no damos frutos, seremos cortados. De la misma manera en el mundo natural si no producimos, nos despiden del trabajo.

> **Y dijeron los árboles a la higuera; Anda tú, reina sobre nosotros.**
>
> **Y respondió la higuera: ¿He de dejar mi dulzura y mi buen fruto, para ir a ser grande sobre los árboles?**
>
> **Jueces 9:10,11**

La higuera representa la dulzura de la vida. ¿Dejará la higuera de producir para gobernar y reinar? La respuesta es negativa. Tenemos que funcionar y conducirnos de acuerdo a la unción que hay en nosotros.

> **Dijeron luego los árboles a la vid: Pues ven tú, reina sobre nosotros.**

Y la vid les respondió: ¿He de dejar mi mosto, que alegra a Dios y a los hombres, para ir a ser grande sobre los árboles?

> Jueces 9:12,13

La vid produce gozo y alegría. ¿Dejará de producir gozo para gobernar? No.

Dijeron entonces todos los árboles de la zarza: Anda tú, reina sobre nosotros.

Y la zarza respondió a los árboles: Si en verdad me elegís por rey sobre vosotros, veníd, abrigáos bajo mi sombra; y si no, salga fuego de la zarza y devore a los cedros del Líbano.

> Jueces 9:14,15

¿Qué cosa produce la zarza? Espinas y cardos. Cuando andamos en busca de alguien que nos gobierne tarde o temprano vamos a encontrar la persona inadecuada. Fíjense que la zarza dijo, **Veníd, abrigaos bajo mi sombra.** Esto tiene su significado, pues en Dios no hay sombras. **Dios es luz, y en El no hay tinieblas.** (I Juan 1:5.)

En Juan 15 Jesús le dice a Sus discípulos:

Yo soy la vid verdadera, y mi Padre es el labrador.

Todo pámpano que en mí no lleva fruto, lo quitará; y todo aquel que lleva fruto, lo limpiará, para que lleve más fruto.

... Como el pámpano no puede llevar fruto por sí mismo, si no permanece en la vid, así tampoco vosotros, si no permanecéis en mí.

Yo soy la vid, vosotros los pámpanos; el que permanece en mí, y yo en él, este lleva mucho fruto, porque separados de mí nada podréis hacer.

> **Juan 15:1-5**

En estos versos encontramos una cierta progresión. Primero, los pámpanos dan fruto. Luego comienza un proceso de limpieza que da lugar a más frutos. Finalmente, Jesús habla de la importancia de permanecer en El, lo cual dará **mucho fruto.** No es suficiente dar fruto.

> Palabra de Jehová que vino a Jeremías, después que Sedequías hizo pacto con todo el pueblo en Jerusalén para promulgarles libertad;
>
> Que cada uno dejase libre a su siervo y a su sierva, hebreo y hebrea; que ninguno usase a los judíos, sus hermanos, como siervos.
>
> **Jeremías 34:8,9**

Hoy en día Dios todavía se guía por estos mismos principios. Sus métodos han cambiado pero Sus principios son los mismos. Dios quiere libertad; El quiere a Su pueblo libre. Dios no hace hincapié en por qué cayeron en esclavitud, lo único que a Dios le interesa es darle libertad a Su pueblo.

El único yugo que debemos tener es el yugo de amor. Debemos someternos unos a otros en amor. El amor debe ser el único factor que nos controla y motiva a hacer todas las cosas.

El amor de Dios es como el cemento que une los bloques. Ese amor es un lazo y una fortaleza donde quiera que sea colocado.

Nuevamente vamos a Jeremías, capítulo 34:

> Pero después se arrepintieron, e hicieron volver a los siervos y a las siervas que habían dejado libres, y los sujetaron como siervos y siervas.
>
> Vino, pues, palabra de Jehová a Jeremías, diciendo: Así dice Jehová Dios de Israel: Yo hice pacto con vuestros padres el día que los saqué de tierra de Egipto, de casa de servidumbre, diciendo:
>
> Al cabo de siete años dejará cada uno a su hermano hebreo que le fuere vendido; le servirá seis años, y lo enviará libre; pero vuestros padres no me oyeron, ni inclinaron su oído.
>
> Y vosotros os habíais hoy convertido, y hecho lo recto delante de mis ojos, anunciando cada uno libertad a su prójimo; y habías hecho pacto en mi presencia, en la casa en la cual es invocado mi nombre.

Un Gobierno Con Libertad

Pero os habéis vuelto y profanado mi nombre, y habéis vuelto a fomar cada uno a su siervo y cada uno a su sierva, que habíais dejado libres a su voluntad: y los habéis sujetado para que os sean siervos y siervas.
Jeremías 34:11-16

Lo más peligroso es cuando una persona, o un grupo de personas, vuelve a esclavizar a alguien sin autoridad.

Por lo tanto, así ha dicho Jehová: Vosotros no me habéis oído para promulgar cada uno libertad a su hermano, y cada uno a su compañero; he aquí que yo promulgo libertad, dice Jehová, a la espada y a la pestilencia y al hambre; y os pondré por afrenta ante todos los reinos de la tierra.
Jeremías 34:17

Todo el que intenta ejercer autoridad sobre ti y ponerte yugo de esclavitud caerá y perderá su posición. Se destruirá a sí mismo si deja de hacer lo que el Espíritu del Señor le ordena.

Cuando no caminamos en libertad, la gloria de Dios se aleja de nosotros. Los que vivimos en esta nación lo sabemos y lo hemos comprobado; aquí luchamos por la libertad.

Un Desafío...

Como mencioné anteriormente, la autoridad viene de tres maneras: por nacimiento, por entrenamiento, y por impartición.

Muchos ministros me han dicho que les gustaría estar en mi posición en el Reino de Dios, que me estiman a mí y a mi posición. (Esta es la actitud de ellos, no la mía).

Otros hombres me han preguntado "¿Cómo has llegado donde estás y cómo tienes tanta autoridad?" Ahora les voy a revelar el secreto:

Primero que nada, comenzé con la autoridad que recibí por nacimiento, yo tenía oído para la música. Yo no sabía leer música pero podía cantar las partituras con tiempo y ritmo y sabía guiar a otros. Usando esa autoridad, llegué a ser director del grupo de música de mi iglesia.

Luego trabajé en Minneapolis, Minnesota, como director de música de los jóvenes. Aún cuando no leía música, tenía habilidad musical que Dios me impuso. Mi abuelo cantaba, mi padre cantaba, y yo cantaba.

Con mucho estudio y entrenamiento pude cultivar mi habilidad aún más. Esta autoridad me llevó a otra posición en el ministerio del Hermano Hagin. Con él trabajé como ujier en sus campañas además de gerente de la oficina. La segunda promoción de autoridad fue a través de entrenamiento, encargado de la oficina de Kenneth Hagin. Por largo tiempo yo leía un libro todos los días acerca de administración. Aprendí como dirigir a personas, administrar tiempo y dinero.

A medida que me disciplinaba, el nivel de autoridad se fue intensificando hasta que obtuve el reconocimiento de los hombres. Por mi fidelidad a la autoridad que recibí por nacimiento, y por mi diligencia en la autoridad obtenida a través de entrenamiento, llegó la tercera promoción de autoridad. Esta última autoridad vino a través de la impartición. En Noviembre de 1977, Dios me llamó al pastorado. En ese momento Dios puso en mí la habilidad para pastorear. Por Su Espíritu, Dios me impartió autoridad para dirigir Su pueblo.

En noviembre de 1981, entré en otro nivel de autoridad, no por mi propia intención ni deseo, sino por el de Dios. El me instruyó a servir como pastor de pastores y ministros, y me hizo lider de líderes.

Muchos de ustedes hoy pueden hacer lo mismo. Yo les desafío a que se levanten de donde están y comiencen con la autoridad que les fue dada por nacimiento. Con disciplina y entrenamiento recibirán aún más autoridad.

Un Gobierno Con Libertad

Con fidelidad y obediencia, Dios les impartirá todavía mayor autoridad, y podrán cumplir la posición de liderazgo a la que Dios los ha llamado.

Los desafío a moverse en la obra del Señor. Hay trabajo que tenemos que hacer para el Reino.

Y los israelitas dijeron a Gedeón: Sé nuestro señor, tú, y tu hijo, y tu nieto, pues que nos has librado de mano de Madián.

Mas Gedeón respondió: No seré señor sobre vosotros, ni mi hijo os señoreará: Jehová señoreará sobre vosotros.

Jueces 8:22, 23

El Dr. Kenneth E. Hagin comenta lo siguiente sobre el libro **Comó Comprender La Autoridad:**

...Los principios que Buddy aprendió en sus años de preparación para el ministerio, constituyen la base sólida para ese libro. Buddy nos señala que "Es necesario entender los principios de la autoridad para poder comprender los elementos de fe. Si aplicamos nuestra autoridad incorrectamente, perdemos los elementos de fe".

Disfruté más que nada de la perspicacia renovadora con que Buddy enseña acerca de mi escritura predilecta sobre fe, Marcos 11:23, 24.

Buddy nos demuestra que, aunque la humanidad a veces parece que prefiere la esclavitud, Dios desea la libertad para todos los hombres. En este libro, el autor menciona los principios de autoridad que se aplican entre esposo y esposa, y entre ministros y sus ovejas...

Kenneth E Hagin

El Amor - El Factor Controlador

La única atadura que nos debe cautivar debe ser el amor. Debemos someternos unos a otros en amor. El amor debe ser el factor que nos motiva y nos controla en todo lo que hacemos.

Recibimos autoridad de tres maneras; por nacimiento, por entrenamiento y por impartición. Yo les desafío con la autoridad que han recibido por nacimiento. Por medio de disciplina y entrenamiento, recibirán mayor autoridad. Y con su fidelidad y obediencia, Dios les impartirá aún más, para que pueden desempeñar el puesto de liderazgo a que Dios les ha llamado.

Buddy Harrison